AF474875

PRINCIPES DU DROIT POLITIQUE.

TOME PREMIER.

par J.-J. Burlamaqui d'ap. Barbier

A AMSTERDAM,

Chez ZACHARIE CHATELAIN.

M. DCC. LI.

TABLE DES CHAPITRES

Contenus dans le premier Volume.

PREMIERE PARTIE.

Où l'on traite de l'origine & de la nature de la Société civile, de la Souveraineté en général, des Caractéres qui lui sont propres, de ses Modifications & de ses Parties essentielles.

SECONDE PARTIE.

Dans laquelle on explique les différentes Formes de Gouvernement, les manières d'acquerir ou de perdre la Souveraineté, & les Devoirs réciproques des Souverains & des Sujets.

TROISIEME PARTIE.

Examen plus particulier des Parties essentielles de la Souveraineté, ou des différens Droits du Souverain par rapport à l'intérieur de l'Etat, tels que sont le pouvoir législatif, le pouvoir souverain en matière de Religion; le Droit d'infliger des peines, & celui que le Souverain a sur les biens renfermés dans l'Etat.

Fin de la Table du Tome premier.

PRINCIPES DU DROIT POLITIQUE.

PREMIERE PARTIE,

Où l'on traite de l'origine & de la nature de la Société civile, de la Souveraineté en général, des caractères qui lui sont propres, de ses modifications & de ses parties essentielles.

CHAPITRE PREMIER.

Contenant quelques réflexions générales & préliminaires, qui servent d'introduction à cette première Partie & aux suivantes.

§. I. LA Société civile ou le corps politique, passe avec raison pour la plus parfaite des Sociétés, & à laquelle on a donné pour cela le nom d'Etat par excellence.

§. II. Cependant nous donnerons ici en ſubſtance, quelques principes qui regardent la Société naturelle & primitive, que Dieu lui-même a établie & qui eſt indépendante du fait humain.

1°. La Société humaine eſt par elle-même & dans ſon origine une Société d'égalité & d'indépendance.

2°. L'établiſſement de la Souveraineté anéantit cette indépendance.

3°. Cet établiſſement ne détruit point la Société naturelle.

4°. Au contraire il ſert à lui donner plus de force.

§. III. Ainſi pour ſe faire une juſte idée de la Société civile, il faut dire que c'eſt la ſociété naturelle elle-même, modifiée de telle ſorte, qu'il y a un Souverain qui y commande; & de la volonté duquel tout ce qui peut intéreſſer le bonheur de la Société dépend en dernier reſſort, afin que par ce moyen les hommes puiſſent ſe procurer d'une manière plus ſûre le bonheur auquel ils aſpirent naturellement.

§. IV. L'établiſſement des Sociétés civiles produit encore de nouvelles relations entre les hommes; je veux dire celles qu'il y a entre ces différens corps, que l'on appelle Etats ou Nations, & c'est ce qui donne lieu au droit des gens & à la politique.

§. V. En effet, du moment que les Etats sont formés, ils acquiérent en quelque manière des propriétés personnelles, & on peut en conséquence leur attribuer les mêmes droits & les mêmes obligations que l'on attribue aux particuliers, considérés comme membres de la Société humaine : & il est bien évident, que si la raison impose aux particuliers certains devoirs les uns envers les autres, elle prescrit aussi ces mêmes régles de conduite aux Nations (qui ne sont que des composés d'hommes) dans les affaires qu'elles peuvent avoir les unes avec les autres.

§. VI. On peut donc appliquer aux Peuples & aux Nations toutes les maximes du droit naturel, & la même Loi qui s'appelle naturelle lorsqu'on parle des particuliers, s'appelle droit des gens ou droit des Nations, lorsqu'on en fait l'application aux hommes, considérés comme formant ces différens corps que l'on nomme Etats ou Nations.

§. VII. Pour dire là-dessus quelque chose de particulier, il faut remarquer que l'état naturel des Nations les unes à l'égard des autres, est un état de société & de paix ; cette société est aussi une société d'égalité & d'indépendance, & qui établit entr'elles une égalité de droit, qui les oblige à avoir les unes pour les autres les mêmes égards & les mêmes ménagemens ; le principe général du droit des gens, n'est donc autre chose que la loi générale de la sociabilité, qui oblige les Nations à la pratique des mêmes devoirs ausquels les particuliers sont assujettis.

§. VIII. Aussi la loi de l'égalité naturelle, celle qui défend de faire du mal à personne, & qui ordonne la réparation du dommage, la loi de la bénéficence, la fidélité dans les conventions, &c. sont tout autant de loix du droit des gens, & qui imposent aux Peuples ou à leurs Souverains les mêmes devoirs qu'elles produisent à l'égard des particuliers.

§. IX. Il est important de bien faire attention à la nature & à l'origine du droit des gens telle que nous venons de la représenter : il suit de-là, que les maximes du droit des gens n'ont pas moins d'autorité que les loix de nature elles-mêmes dont elles font partie, & qu'elles ne sont ni moins sacrées ni moins respectables, puisque les unes & les autres ont également Dieu pour auteur.

§. X. Il ne sçauroit même y avoir un autre droit des gens véritablement obligatoire, & qui ait par lui-même force de loi ; car toutes les Nations étant les unes à l'égard des autres dans une parfaite égalité, il est évident que s'il y a entr'elles quelque loi commune, il faut nécessairement qu'elle ait Dieu, leur commun Souverain, pour auteur.

§. XI. Pour ce qui est du consentement tacite, ou des usages des Nations, sur lequel quelques Docteurs établissent un droit des gens, ils ne sçauroient produire par eux-mêmes une véritable obligation : de cela seul que plusieurs peuples ont pendant un certain temps agi entr'eux d'une certaine manière, par rapport à telle ou telle affaire, il ne s'ensuit pas qu'ils se soient imposé la nécessité d'en user toujours de même à l'avenir, & beaucoup moins encore que tous les autres peuples soient obligés de se conformer à cet usage.

§. XII. Tout ce que l'on peut dire, c'est que dès qu'un certain usage ou une coutume s'est introduite entre des Nations qui ont souvent des affaires les unes avec les autres ; chacune d'elles est & peut être raisonnablement censée se soumettre à cet usage, si elle n'a pas expressément déclaré qu'elle ne vouloit pas s'y conformer dans l'affaire dont il s'agit ; c'est-là tout l'effet que l'on peut donner aux usages reçus entre les Nations.

§. XIII. Cela étant l'on pourroit distinguer deux sortes de droit des gens, l'un de nécessité qui est obligatoire par lui-même & qui ne différe en rien du droit naturel, l'autre qui est arbitraire & de liberté, & qui n'est fondé que sur une espéce de convention tacite : convention qui tire elle-même toute sa force de la loi naturelle, qui ordonne d'être fidéle à ses engagemens.

§. XIV. Ce que nous venons de dire du droit des gens, présente aux Princes qui les gouvernent, plusieurs réflexions importantes, entr'autres que le droit des gens n'étant autre chose dans le fond que le droit naturel lui-même, il n'y a qu'une seule & même régle de justice pour tous les hommes ; ensorte que les Princes qui l'enfreignent ne commettent pas un moindre crime que les particuliers, d'autant plus que leurs mauvaises actions ont pour l'ordinaire des conséquences beaucoup plus fâcheuses que celles des particuliers.

§. XV. Une autre conséquence que l'on peut tirer des principes établis sur l'état naturel des Nations & sur le droit des gens, c'est de se faire une juste idée de cet art si nécessaire aux conducteurs des Nations, & qu'on appelle *Politique*. La politique n'est donc autre chose que cet art, cette habileté par laquelle un Souverain pourvoit à la conservation, à la sureté, à la prospérité & à la gloire de la Nation qu'il gouverne, sans faire tort aux autres peuples, même en procurant leur avantage autant qu'il est possible.

§. XVI. En un mot, ce qu'on appelle prudence par rapport aux particuliers, c'est ce que l'on nomme politique à l'égard des Souverains; & comme cette mauvaise habileté par laquelle on cherche ses avantages au préjudice des autres, & que l'on appelle astuce ou finesse, est condamnable dans les particuliers; elle ne l'est pas moins dans les Princes, dont la politique va à procurer l'avantage de leur Nation au préjudice de ce qu'ils doivent aux autres peuples, en vertu des loix de la justice & de l'humanité.

§. XVIII. L'on comprend aisément par ce que l'on vient de dire de la nature de la Société civile en général, qu'entre tous les établissemens humains, il n'y en a point de plus considérable, & que comme il embrasse tout ce qui peut intéresser le bonheur de la Société humaine, son objet est d'une très-grande étendue; il est donc également important & pour les Sujets & pour les Souverains de s'instruire là dessus.

§. XVIII. Pour donner quelque ordre à toutes les matières qui ont rapport à ce sujet, nous les distribuerons en quatre parties.

La première traitera de l'origine & de la nature de la Société civile, de la maniére dont les Etats se forment, de la Souveraineté en général, des caractères qui lui sont propres, de ses modifications & de ses parties essentielles.

Dans la seconde on expliquera les diverses formes de Gouvernemens, les différentes manières d'acquerir ou de perdre la souveraineté, & les devoirs réciproques des Souverains & des sujets.

La troisième fera un examen plus particulier des parties essentielles de la souveraineté qui se rapportent au gouvernement intérieur de l'Etat, telles que sont le pouvoir législatif, le pouvoir souverain en matière de Religion, le droit d'infliger des peines, & celui qu'a le Souverain sur les biens renfermés dans l'Etat, &c.

Dans la quatriéme enfin, on expliquera les droits des Souverains à l'égard des étrangers : on y traitera du droit de la guerre, & de tout ce qui y a rapport, des alliances & des autres traités publics, & du droit des Ambassadeurs.

CHAPITRE II.

De l'origine des Sociétés dans le fait.

§. I. LA Société civile n'est autre chose que cette union d'une multitude d'hommes qui se mettent ensemble sous la dépendance d'un Souverain pour trouver sous sa protection & par ses soins le bonheur auquel ils aspirent naturellement.

§. II. Quand on demande quelle a été l'origine de la Société civile, cette question peut être envisagée sous deux faces différentes : car ou l'on demande par là quelle a été dans le fait la première origine des Gouvernemens, ou bien l'on demande quel est le droit de convenance à cet égard, c'est-à-dire, quelles sont les raisons qui doivent porter les hommes à renoncer à leur liberté naturelle, & à préférer l'Etat civil à l'Etat de nature. Voyons d'abord ce que l'on peut dire sur le fait.

§. III. Comme l'établissement de la Société & du Gouvernement est presque aussi ancien que le monde, & qu'il ne nous reste que très-peu de monumens de ces premiers siécles, on ne peut rien dire de bien certain sur la première origine des Sociétés civiles; & tout ce que les Politiques avancent là dessus, se réduit à des conjectures plus ou moins vraisemblables.

§. IV. Les uns attribuent l'origine des Sociétés civiles à la puissance paternelle: ils remarquent que toutes les traditions anciennes nous assurent que les premiers hommes vivoient long-tems: par cette longueur de la vie, jointe à la multiplicité des femmes, qui alors étoit en usage, un grand nombre de familles se voyoient réünies sous l'autorité d'un seul grand-pere; & comme il est difficile qu'une société un peu nombreuse puisse se maintenir sans une puissance suprême, il est naturel de penser que leurs enfans accoutumés dès leur jeunesse à respecter leurs peres & à leur obéir, remettoient volontiers entre leurs mains la souveraine autorité, quand ils étoient parvenus à un âge de raison.

§. V. D'autres supposent que la crainte & la défiance où les hommes étoient les uns des autres, les porta à s'associer plus particuliérement sous l'autorité d'un chef, pour se mettre à couvert des maux qu'ils appréhendoient. De l'injustice des premiers hommes, disent-ils, est venue la guerre, ainsi que la nécessité où ils se sont trouvés de se donner des maîtres qui fixassent leurs droits & leurs prérogatives.

§. VI. Il y en a enfin qui prétendent que c'est à l'ambition soutenue de la force ou de l'habileté, que l'on doit attribuer les premiers commencemens des Sociétés civiles. Les plus habiles, les plus forts & les plus ambitieux s'assujettirent d'abord les plus simples & les plus foibles, & ces Etats naissants se fortifièrent insensiblement dans la suite, par les conquêtes & par le concours de ceux qui devenoient volontairement membres de ces premières Sociétés.

§. VII. Telles sont les principales conjectures des politiques sur l'origine des Sociétés : ajoutons là dessus quelques réflexions.

La première, c'est qu'il est vraisemblable que dans l'établissement des Sociétés, les hommes ont plutôt songé à remédier aux maux dont ils avoient fait l'expérience, qu'à se procurer tous les avantages qui résultent des Loix, du Commerce, des Arts & des Sciences, & de toutes les autres choses qui font aujourd'hui la beauté de l'Histoire.

2°. Le naturel des hommes & leur manière ordinaire d'agir, ne permettent pas de rapporter l'établissement de tous les Etats à un principe général & uniforme : il est plus naturel de penser que différentes circonstances ont donné naissance aux différens Etats.

3°. L'on vit sans doute la premiére image des Gouvernemens dans la Société Démocratique ou dans les familles ; mais il y a toute apparence que ce fut l'ambition soutenue de la force ou de l'habileté, qui assujettit pour la première fois plusieurs peres de famille sous la domination d'un chef : c'est ce qui paroît assez conforme au naturel des hommes, & cela semble même appuyé par la manière dont l'Histoire sainte parle de NEMROD † le premier Roi dont nous ayons connoissance.

4°. Un tel corps politique une fois formé, plusieurs se joignirent ensuite par divers motifs, & d'autres peres de famille craignant d'être insultés ou opprimés par ces États naissants, se déterminèrent à en former de pareils & à se donner un chef.

5°. Quoi qu'il en soit, il ne faut pas se faire de ces premiers États la même idée que de ceux d'aujourd'hui : les établissemens humains sont toujours foibles & imparfaits dans leur commencement : il n'y a que le tems & l'expérience qui puissent peu à peu les perfectionner. Les premiers États étoient vraisemblablement très-petits; les Rois n'étoient presque que des especes de Capitaines ou Magistrats particuliers, établis pour juger les différens, ou pour commander les armées : aussi voyons-nous par les Histoires les plus anciennes que dans un seul & même peuple il y avoit quelquefois plusieurs Rois.

§. VIII. Mais enfin, comme nous l'avons remarqué d'abord, tout ce qu'on

† *Voyez* Genèse, chap. X. ỳ. 8. & suiv.

peut dire sur l'origine des premiers Gouvernemens, dans le fait, se réduit à de simples conjectures plus ou moins vraisemblables. D'ailleurs cette question est plus curieuse qu'utile ou nécessaire ; ce qu'il y a ici d'important, ce qui intéresse particuliérement les hommes, c'est de sçavoir si l'établissement d'un gouvernement & d'une autorité souveraine étoit véritablement nécessaire au Genre-humain, si les avantages que les hommes en retirent sont considérables : c'est ce que j'appelle le droit de convenance, & c'est ce que nous allons examiner.

CHAPITRE III.

Du Droit de Convenance par rapport à l'établissement de la Société civile, & de la nécessité d'une autorité souveraine ; de la Liberté civile ; qu'elle l'emporte de beaucoup sur la Liberté naturelle, & que l'Etat civil est de tous les états de l'homme, le plus parfait, le plus raisonnable, & par conséquent le véritable état naturel de l'homme.

§. I. L'ETABLISSEMENT d'une Société civile & d'une autorité souveraine parmi les hommes, étoit-il absolument nécessaire au Genre-humain, & ne pouvoient-ils pas vivre heureux sans cela ? La Souveraineté qui doit peut-être sa première origine à l'usurpation, à l'ambition & à la violence, ne renferme-t-elle point un attentat contre l'égalité & l'indépendance naturelle ? Ce sont-là sans doute des questions importantes, & qui méritent qu'on les examine avec soin.

§. II. Je conviens d'abord que la Société

primitive & originaire que la Nature a établie entre les hommes, est une Société d'égalité & d'indépendance : il est vrai encore que c'est à la Loi de Nature à laquelle tous les hommes sont obligés de conformer leurs actions, & enfin il est certain que cette loi en elle-même est très-parfaite & très-propre à pourvoir à la conservation & au bonheur du genre humain.

§. III. Aussi faut-il convenir que si pendant que les hommes vivoient dans la Société de nature, ils avoient exactement observé les Loix naturelles, rien n'auroit manqué à leur félicité, & qu'on n'auroit pas eu besoin d'établir un pouvoir souverain sur la terre : ils auroient vêcu dans un commerce mutuel de services & de bienfaits, dans une simplicité sans faste, dans une égalité sans jalousie, & l'on n'auroit connu d'autre supériorité que celle de la vertu, ni d'autre ambition que celle d'être désintéressé & généreux.

§. IV. Mais les hommes ne suivirent pas long-tems une régle si parfaite, la vivacité de leurs passions affoiblit bientôt la force de la loi naturelle, & cette loi ne se trouva plus un frein assez puissant,

sant, pour laisser plus long-tems à lui-même l'homme ainsi affoibli & aveuglé par les passions. Expliquons cela un peu plus particuliérement.

§. V. Les loix ne sçauroient faire le bonheur de la Société, à moins qu'elles ne soient bien connues. Les loix naturelles ne peuvent être connues des hommes qu'autant qu'ils font un bon usage de leur raison; mais comme la plûpart des hommes abandonnés à eux-mêmes écoutent plutôt les préjugés & la passion, que la raison & la vérité, il s'ensuit que dans la Société de nature, les loix naturelles n'étoient connues que très-imparfaitement, par conséquent que dans cet état des choses les hommes ne pouvoient pas vivre heureux.

§. VI. Ensuite l'Etat de nature manquoit encore d'une autre chose nécessaire au bonheur & à la tranquillité de la Société, je veux dire d'un Juge commun reconnu pour tel, & qui pût terminer les différens qui s'élèvent tous les jours entre les particuliers.

§. VII. Dans cet état chacun étant arbitre souverain de ses actions, & ayant droit de juger lui-même, & des loix pousser plus loin nos réfléxions sur cette matiére.

§. XIII. Voyons donc ce que c'est que la liberté naturelle, & ce que c'est que la liberté civile ; tâchons ensuite de faire voir que la liberté civile l'emporte de beaucoup sur la liberté naturelle, & que par conséquent l'état civil qui la produit, est de tous les états de l'homme le plus parfait, & à parler exactement, le véritable état naturel de l'homme.

§. XIV. Les reflexions que nous avons à faire là-dessus sont de la dernière importance ; elles présentent des leçons utiles, & aux Princes qui gouvernent & aux peuples qui sont gouvernés. La plûpart des hommes ne connoissent pas les avantages de la société ; ou du moins ils vivent de telle manière, qu'ils ne font aucune attention à la beauté ou à l'excellence de cet établissement salutaire : d'un autre côté les Princes perdent souvent de vûe la fin pour laquelle ils sont établis ; & au lieu de penser que la Souveraineté n'est établie que pour le maintien & la sûreté de la liberté des hommes, c'est-à-dire, pour les faire jouir d'un solide bonheur, ils la tournent souvent à des fins toutes contraires & à leur avantage particulier. Rien n'est donc plus nécessaire que de guérir les Souverains & les Sujets là-dessus, & de dissiper leurs préjugés à cet égard.

§. XV. La liberté naturelle est le droit que la nature donne à tous les hommes, de disposer de leurs personnes & de leurs biens, de la manière qu'ils jugent la plus convenable à leur bonheur, sous la restriction qu'ils le fassent dans les termes de la loi naturelle, & qu'ils n'en abusent pas au préjudice des autres hommes : à ce droit de liberté répond une obligation réciproque, & par laquelle la loi naturelle engage tous les hommes à respecter la liberté des autres hommes, & à ne les pas troubler dans l'usage qu'ils en font, tant qu'ils n'en abusent pas.

§. XVI. Les loix naturelles sont donc la régle & la mesure de la liberté ; & dans l'état primitif & de nature, les hommes n'ont de liberté qu'autant que les loix naturelles leur en accordent : il est donc à propos de remarquer ici, que l'état de liberté naturelle, n'est point un état d'une entière indépendance. Dans cet état, les hommes sont effectivement que c'est la liberté naturelle elle-même dépouillée de cette partie, qui faisoit l'indépendance des particuliers, par l'autorité qu'ils donnent sur eux à leurs Souverains, accompagnée du droit d'exiger de lui, qu'il usera bien de son autorité, & d'une assurance morale que le droit aura son effet.

§. XXVI. Puis donc que la liberté civile l'emporte de beaucoup sur la liberté naturelle, nous sommes en droit de conclure que l'Etat civil qui procure à l'homme une telle liberté, est de tous les états de l'homme le plus parfait, le plus raisonnable, & par conséquent le véritable état naturel de l'homme.

§. XXVII. En effet, l'homme étant par sa nature un être intelligent & libre, qui peut lui-même reconnoître son état, quelle est sa dernière fin, & prendre les mesures nécessaires pour y parvenir; c'est proprement dans ce point de vûe qu'il faut prendre son état naturel, c'est-à-dire, que l'état naturel de l'homme, sera celui qui est le plus conforme à sa nature, à sa constitution, à la raison, au bon usage de ses facultés & à sa dernière fin: or toutes ces circonstances conviennent parfaitement à l'Etat civil. En un mot, l'établissement d'un Gouvernement & d'une Puissance souveraine ramenant les hommes à l'observation des loix naturelles, & par conséquent dans la route du bonheur, les fait rentrer dans leur état naturel, duquel ils étoient sortis par le mauvais usage qu'ils faisoient de leur liberté.

§. XXVIII. Les réfléxions que nous venons de faire sur les avantages que les hommes tirent du Gouvernement, méritent une grande attention.

1°. Elles sont très-propres à guérir l'esprit des hommes sur les fausses idées qu'ils se font pour l'ordinaire là-dessus; comme si l'Etat civil n'avoit pu s'établir qu'au préjudice de leur liberté naturelle, & que le Gouvernement n'eût été inventé que pour satisfaire l'ambition des plus considérables d'entr'eux, au préjudice du reste de la Société.

2°. Elles inspirent aux hommes de l'amour & du respect pour un établissement aussi salutaire, les disposant ainsi à s'assujettir volontairement à tout ce que la Société civile exige d'eux, persuadés qu'il leur en revient de grands avantages.

3°. Elles peuvent encore beaucoup contribuer à augmenter l'amour de la patrie ; dont la nature même a pour ainsi dire jetté les premières semences dans le cœur de tous les hommes, & qui contribue si efficacement au bonheur des Sociétés. SEXTUS EMPIRICUS rapporte « que les anciens Perses » avoient accoutumé, lorsque le Roi étoit » mort, de passer cinq jours dans l'Anar» chie, afin que cela les engageât à être » plus fidéles à son Successeur, par l'expé» rience qu'ils avoient faite eux-mêmes des » malheurs de l'Anarchie, & combien de » meurtres, de rapines, & s'il y a quel» que chose de pis encore, elle entraine après soi. (1)

§. XXIX. Si ces réfléxions sont très-propres à guérir les préjugés des peuples, elles présentent aussi aux Souverains eux-mêmes les leçons les plus importantes. Qu'y a-t-il de plus propre à faire sentir aux Princes toute l'étendue de leur devoir, que de réfléchir sérieusement aux fins que les peuples se sont proposées en leur confiant leur liberté, c'est-à-dire, tous leurs avantages, & aux engagemens dans lesquels

(1) *Advers. Mathemath. Lib. II. §. 33. Vide.* Herodote ; *Lib. II Cap. 96. & seq.*

ils sont entrés en se chargeant d'un dépôt aussi précieux? Si les hommes ont renoncé à leur indépendance & à leur liberté naturelle, en se donnant des maîtres, c'est pour se mettre à couvert des maux dont ils étoient travaillés, & dans l'espérance qu'ils trouveroient sous leur protection, & par les soins de leur Souverain, un véritable bonheur. Aussi nous avons vu que la liberté civile donnoit aux hommes le droit d'exiger de leur Souverain qu'il useroit de son autorité conformément aux vûes pour lesquelles elle lui étoit confiée, c'est-à-dire, pour rendre les hommes sages & vertueux, & leur procurer par ce moyen une véritable félicité. En un mot, tout ce que nous avons dit des avantages de l'Etat civil par-dessus l'état de nature, suppose que cet état est tel qu'il peut, & qu'il doit être, & que les sujets & le Souverain s'acquittent réciproquement de leurs devoirs.

CHAPITRE IV.

De la Constitution essentielle des Etats, ou de la manière dont ils se forment.

§. I. APRÈS avoir traité de l'origine des Sociétés civiles, l'ordre naturel veut que nous examinions quelle est la constitution essentielle des Etats, c'est-à-dire, quelle est la manière dont ils se forment, & quelle est la structure de ces édifices merveilleux.

§. II. Il résulte de ce que l'on a dit dans le chapitre précédent, que le seul moyen que les hommes pouvoient employer avec succès pour se mettre à couvert des maux qui les travailloient dans l'état de nature, & pour se procurer tous les avantages qui manquoient à leur sureté & à leur bonheur, devoit être tiré de l'homme même & des secours de la société.

§. III. Pour cêt effet, il falloit qu'une multitude d'hommes se joignissent ensemble d'une façon si particulière, que la conservation des uns dépendît de la conservation des autres, afin qu'ils fussent dans la nécessité de s'entre-secourir, & que par cette union de forces & d'intérêts, ils pussent aisément repousser les insultes dont ils n'auroient pu se garantir chacun en particulier, contenir dans le devoir ceux qui voudroient s'en écarter, & travailler plus efficacement à leur commune utilité. Expliquons plus particuliérement comment cela a pu se faire.

§. IV. Deux choses étoient nécessaires pour cela.

1°. Il falloit réunir pour toujours les volontés de tous les membres de la Société, de telle sorte que désormais ils ne voulussent plus qu'une seule & même chose en matiére de tout ce qui se rapporte au but de la Société. Ensuite il falloit établir un pouvoir supérieur soutenu des forces de tout le corps, au moyen duquel on pût intimider ceux qui voudroient troubler la paix, & faire souffrir un mal présent & sensible, à quiconque oseroit agir contre l'utilité commune.

§. V. C'est de cette union de volontés & de forces, que résulte le Corps politique ou l'Etat, & sans cela on ne sçauroit concevoir de Société civile; car quelque grand que fût le nombre des confédérés, si chacun suivoit toujours son jugement particulier par rapport aux choses qui intéressent le bien commun, on ne feroit que s'embarrasser les uns les autres, & la diversité d'inclinations & de jugement, la légèreté & l'inconstance naturelle à l'homme, anéantiroit bientôt la concorde, & les hommes retomberoient ainsi dans les inconvéniens de l'état de nature. Mais d'ailleurs une telle Société ne sçauroit agir long-temps de concert, & pour une même fin, ni se maintenir dans cette harmonie qui fait toute sa force, sans une puissance supérieure qui serve de frein commun pour réprimer l'inconstance & la malice humaine, & pour contraindre chaque particulier à rapporter toutes leurs actions au bien public.

§. VI. Tout cela s'exécute par le moyen des conventions; car cette union des volontés dans une seule & même personne, ne sçauroit se faire de manière que la diversité naturelle d'inclinations & de sentimens, soit actuellement détruite; mais cela se fait par un engagement où chacun entre, de soumettre sa volonté particulière, à la volonté d'une seule personne ou d'une assemblée; ensorte que toutes les résolutions de cette personne ou de cette assemblée,

assemblée, au sujet des choses qui concernent la sureté ou l'utilité publique, soient regardées comme la volonté positive de tous en général, & de chacun en particulier.

§. VII. Pour la réunion des forces qui produit la souveraine puissance, elle ne se fait pas non plus de manière que chacun communique physiquement ses forces à une seule personne, ensorte qu'après cela il demeure comme sans vigueur & sans action : mais cela s'exécute par un engagement par lequel tous en général, & chacun en particulier, s'obligent à ne faire usage de leurs forces, que de la manière qui leur sera prescrite par la personne à laquelle ils ont donné d'un commun accord la direction souveraine.

§. VIII. Par cette réunion du corps politique sous un seul & même chef, chaque particulier acquiert, pour ainsi dire, autant de force que toute la Société en commun. S'il y a par exemple un million d'hommes dans la République, chacun a de quoi résister à ce million, au moyen de la dépendance où ils sont d'un pouvoir suprême, qui les tient tous en bride, & qui les empêche de se nuire les uns aux autres. Cette multiplication de force dans le corps politique ressemble à celle de chaque membre dans le corps humain : séparez-les, ils n'ont plus de vigueur ; mais par leur union mutuelle, la force de chacun augmente, & ils font tous ensemble un corps robuste & animé.

§. IX. L'on peut définir l'État, une Société par laquelle une multitude d'hommes s'unissent ensemble sous la dépendance d'un Souverain, pour trouver sous sa protection & par ses soins, le bonheur auquel ils aspirent naturellement. La définition que donne *Ciceron*, revient à peu près à la même chose. *Multitudo juris consensu, & utilitatis communione sociata* : Une multitude de gens unis ensemble par une communauté d'intérêt, & par des loix communes ausquelles ils se soumettent d'un commun accord.

§. X. On considére donc l'Etat comme un corps, comme une personne morale, dont le Souverain est le chef ou la tête, & les particuliers les membres : en conséquence on attribue à cette personne certaines actions qui lui sont propres, certains droits, certains biens particuliers, distincts de ceux de chaque citoyen, & ausquels, ni chaque citoyen ni plusieurs, ni même tous ensemble ne sçauroient rien prétendre ; mais seulement le Souverain.

§. XI. C'est aussi cette union de plusieurs personnes en un seul corps, produite par le concours des volontés & des forces de chaque particulier dans une seule & même personne, qui distingue l'Etat d'une multitude : car une multitude n'est qu'un assemblage, un amas de plusieurs personnes, dont chacun a sa volonté particulière, la liberté de juger suivant ses idées de tout ce qui peut être proposé, & de se déterminer comme il lui plaît, & à laquelle on ne sçauroit par conséquent attribuer une seule volonté, au lieu que l'Etat est un corps, une Société animée par une seule ame, qui en dirige tous les mouvemens, & qui en fait agir tous les membres d'une manière constante & uniforme, & relativement à un seul & même but, sçavoir, l'utilité commune.

§. XII. Mais, direz-vous, si la réunion des volontés & des forces de chaque membre de la Société dans la personne du Souverain, ne détruit ni la volonté ni les forces naturelles de chaque particulier, s'ils en restent toujours en possession, & s'ils peuvent *de facto* en faire usage contre le Souverain lui-même, en quoi consiste donc la force de l'Etat, & qu'est-ce qui fait la force de cette Société ? Je répons que deux choses contribuent principalement à maintenir l'Etat & la Souveraineté qui en est l'ame.

La première, c'est l'engagement même par lequel les particuliers se sont soumis à l'empire du Souverain, engagement auquel l'autorité divine & la religion du serment ajoutent beaucoup de force. Mais pour les esprits méchans & mal-faits, sur qui ces motifs ne font aucune impression, ce qui fait sur tout la force du Gouvernement, c'est la crainte des peines que le Souverain leur peut faire souffrir, en conséquence du pouvoir dont il est revêtu.

§. XIII. Or, comme ce qui met le Souverain en état de contraindre les rebelles, c'est que les autres sujets lui prêtent leurs forces pour cette fin (car sans cela il n'auroit pas plus de pouvoir que le moindre de ses sujets), il s'ensuit que c'est la prompte obéissance des bons citoyens, qui donne au Souverain les moyens de réprimer les méchans & de maintenir son autorité.

§. XIV. Mais pour peu qu'un Souverain

témoigne de l'attachement à son devoir, il lui est aisé de s'attacher la meilleure partie de ses sujets, & par conséquent d'avoir en main la plus grande partie des forces de l'Etat, & de maintenir l'autorité du Gouvernement. L'expérience a toujours montré que les Princes n'ont qu'à être médiocrement honnêtes gens, pour être adorés de leurs sujets. L'on peut donc dire, que c'est de lui-même que le Souverain peut tirer les plus grands secours pour le maintien de son autorité; & qu'un exercice sage de la souveraineté & conforme à sa destination, fait en même temps le bonheur des peuples, & par une conséquence nécessaire la plus grande sureté du Gouvernement pour le Souverain.

§. XV. En suivant les principes que nous venons d'établir sur la manière dont les Etats se forment, &c. si l'on suppose qu'une multitude de gens jusques-là indépendans les uns des autres, veuillent établir une Société civile, il faut nécessairement qu'il intervienne entr'eux des conventions & une ordonnance génerale.

1°. La première convention est celle par laquelle chacun s'engage avec tous les autres à se joindre ensemble pour toujours en un seul corps, & à régler d'un commun consentement, ce qui regarde leur conservation & leur sureté commune : ceux qui n'entrent point dans ce premier engagement, demeurent hors de la Société naissante.

2°. Il faut ensuite faire une ordonnance qui établisse la forme du Gouvernement, sans cela on ne sçauroit prendre aucunes mesures fixes, pour travailler utilement & de concert, à la sureté & au bien commun.

3°. Enfin, la forme du Gouvernement étant réglée, il doit y avoir encore une autre convention, par laquelle après qu'on a choisi une ou plusieurs personnes à qui l'on confére le pouvoir de gouverner, ceux qui sont revêtus de cette autorité suprême, s'engagent à veiller avec soin à la sureté & à l'utilité commune, & les autres lui promettent une fidelle obéissance. Cette derniére convention renferme une soumission des forces & des volontés de chacun, à la volonté du chef de la Société, autant du moins que le demande le bien commun : c'est ainsi que se forme un Etat régulier & un Gouvernement parfait.

§. XVI. Ce que nous venons de dire peut être éclairci par ce que l'histoire nous apprend de la fondation de l'Etat du peuple Romain. On y voit d'abord une multitude de gens qui s'assemblent pour s'établir sur les bords du Tibre ; ensuite ils délibérent quelle forme de Gouvernement ils établiront, & la Monarchie l'ayant emporté, ils déférent l'autorité souveraine à Romulus (1).

§. XVII. Et quoique l'origine de la plûpart des Etats nous soit inconnue, il ne faut pas s'imaginer pour cela que ce que nous venons de dire sur la maniére dont les Sociétés civiles se forment, soit une pure supposition : car comme il est certain que toute Société civile a eu un commencement, on ne sçauroit concevoir comment les membres qui les composent, se sont réunis pour vivre ensemble sous la dépendance d'une autorité souveraine, sans supposer les conventions dont nous avons parlé.

§. XVIII. Cependant tous les politiques n'expliquent pas la formation des Etats, comme nous venons de le faire. Il y en a (2) qui prétendent que les Etats se

(1) Voyez Denis d'Halicarnasse, *Lib. II. au commencement.*

(2) A. Hobbès *de Cive. Cap. V. §. 7.*

forment par une ſeule convention des ſujets les uns avec les autres, & par laquelle chacun s'engage envers tous les autres à ne pas réſiſter à la volonté du Souverain, à condition que de leur côté tous les autres ſe ſoumettent au même engagement; mais ils prétendent qu'il n'y a aucune convention entre le Souverain & les ſujets.

§. XIX. L'on ſent aſſez pourquoi ces politiques expliquent la choſe de cette maniére. Leur but eſt de donner aux Souverains une autorité arbitraire & ſans bornes, & d'ôter aux ſujets tous les moyens de ſe ſouſtraire à cette autorité, ſous quelque prétexte que ce ſoit, & quelque uſage que les Souverains en puiſſent faire. Pour cela, il falloit néceſſairement dégager les Rois du lien de toute convention entr'eux & leurs ſujets: ce qui eſt ſans contredit la choſe la plus capable de limiter leur pouvoir.

§. XX. Mais quoiqu'il importe extrêmement au genre humain de maintenir l'autorité des Rois, & de la défendre contre les attentats des eſprits inquiets, mutins ou ſéditieux, il ne faut pas pour cela nier des vérités évidentes, ou refuſer de reconnoître une convention, où il y a manifestement une promesse réciproque, de faire des choses ausquelles on n'étoit pas obligé auparavant.

§. XXI. Lorsque je me soumets de mon gré à un Prince, je lui promets une fidelle obéissance, à condition qu'il me protégera : le Prince de son côté me promet une puissante protection, à condition que je lui obéirai. Avant cette promesse, je n'étois pas obligé de lui obéir, ni lui n'étoit pas tenu de me protéger, du moins en vertu d'une obligation parfaite : il est donc évident qu'il y a un engagement réciproque.

§. XXII. Mais il y a plus, & bien loin que le systême que nous combattons, fortifie l'autorité souveraine, & qu'il la mette à l'abri des caprices des sujets, rien au contraire n'est plus dangereux pour les Souverains, que d'établir leur droit sur un tel fondement ; car si l'obligation des sujets envers leurs Princes est uniquement fondée sur une convention réciproque des sujets entr'eux, par laquelle chaque sujet s'engage en faveur des autres à obéir au Souverain, à condition que les autres en fassent autant en sa faveur, il est bien évident, que de cette manière chaque citoyen fait dépendre la force de son engagement, de l'exécution de celui de tout autre, & que par conséquent, dès que quelques-uns n'obéiront plus au Souverain, tous les autres en seront entièrement dispensés. C'est ainsi qu'en voulant pousser les droits des Souverains au delà de leurs justes bornes, bien loin de les fortifier, on les affoiblit effectivement & sans y penser.

CHAPITRE V.

Du Souverain, de la Souveraineté, & des Sujets.

§. I. LE Souverain dans un Etat, c'est cette personne qui a droit d'y commander en dernier ressort.

§. II. Pour la Souveraineté, il faut la définir. Le droit de commander en dernier ressort dans la Société civile, que les membres de cette Société ont déféré à une seule & même personne, pour y maintenir l'ordre au dedans & la défense au dehors, & en général pour se procurer sous sa protection, par ses soins un véritable bonlieur, & sur tout l'exercice assuré de leur liberté.

§. III. Je dis en premier lieu, que la Souveraineté est le droit de commander en dernier ressort dans la Société, pour faire comprendre que la nature de la Souveraineté consiste principalement en deux choses.

La première, dans le droit de commander aux membres de la Société, c'est-à-dire, de diriger leurs actions avec empire, ou pouvoir de contraindre.

La seconde est que ce droit doit être en dernier ressort, de telle sorte que tous particuliers soient obligés de s'y soumettre, sans qu'aucun puisse lui résister. Autrement si cette autorité n'étoit pas supérieure à toute autre sur la terre, elle ne pourroit pas procurer à la Société l'ordre & la sureté, qui sont néanmoins les fins pour lesquelles elle la été établie.

§. IV. Je dis en second lieu, que c'est un droit déféré à une personne, & non pas à un homme, pour faire entendre que cette personne peut être non seulement un homme seul, mais encore & tout aussi bien une multitude d'hommes réunis en un conseil, & ne formant qu'une volonté, au moyen de la pluralité des suffrages, comme nous l'expliquerons plus particulièrement dans la suite.

§. V. Je dis en troisième lieu, à une seule & même personne, pour marquer que la Souveraineté ne peut souffrir ni de division, ni de partage; qu'il n'y a plus de Souverains dès qu'il y en a plusieurs, parce qu'alors aucun ne commande en dernier ressort, & qu'aucun n'étant obligé de céder à l'autre, il faut nécessairement que par leur concurrence tout retombe dans le trouble & la confusion.

§. VI. J'ajoute enfin, pour se procurer un véritable bonheur, &c. pour faire connoître quelle est la fin de la Souveraineté; c'est la félicité des peuples. Dès que les Souverains perdent de vue cette fin, qu'ils la détournent à leurs intérêts particuliers, ou à leurs caprices, la Souveraineté dégénère en tyrannie, & dès-lors elle cesse d'être une autorité légitime. Telle est l'idée que l'on doit se faire du Souverain & de la Souveraineté.

§. VII. Tous les autres membres de l'Etat sont appellés sujets, c'est-à-dire, qu'ils sont dans l'obligation d'obéir au Souverain.

§. VIII. Or l'on devient membre ou sujet d'un Etat, en deux manières, ou par une convention expresse, ou par une convention tacite.

§. IX. Si c'est par une convention expresse, la chose est sans difficulté : à l'égard du consentement tacite, il faut remarquer que les premiers fondateurs des Etats, & tous ceux qui dans la suite en sont devenus membres, sont censés avoir stipulé que leurs enfans & leurs descendans auroient, en venant au monde, le droit de jouir des avantages communs à tous les membres de l'Etat, pourvu néanmoins que ces descendans parvenus à l'âge de raison, voulussent de leur côté se soumettre au Gouvernement & reconnoître l'autorité du Souverain.

§. X. Je dis pourvu que les descendans reconnoissent l'autorité du Souverain : car la stipulation des peres ne sçauroit avoir par elle-même la force d'assujettir les enfans malgré eux, à une autorité à laquelle ils ne voudroient pas se soumettre ; ainsi l'autorité du Souverain sur les enfans des membres de l'Etat, & reciproquement le droit que ces enfans ont à la protection du Souverain & aux avantages du Gouvernement, sont établis sur un consentement réciproque.

§. XI. Or de cela seul, que les enfans des citoyens, parvenus à un âge de discrétion, veulent vivre dans le lieu de leur famille, ou dans leur patrie, ils sont par cela même censés se soumettre à la Puissance qui gouverne l'Etat, & par conséquent ils doivent jouir, comme membres de l'Etat, des avantages qui en sont les suites; c'est pourquoi aussi les Souverains une fois reconnus, n'ont pas besoin de faire prêter serment de fidélité aux enfans qui naissent depuis dans leurs Etats.

§. XII. De plus, c'est encore une maxime qui est regardée comme une Loi générale de tous les Etats, que quiconque entre simplement dans les terres d'un Etat, & à plus forte raison ceux qui veulent jouir des avantages que l'on y trouve, sont censés renoncer à leur liberté naturelle, & se soumettre aux loix & au gouvernement établi, du moins autant que le demande la sureté publique & particulière. Que s'ils refusent de le faire, ils peuvent être regardés sur le pied d'ennemis, du moins ensorte qu'on ait droit de les faire sortir du pays, & c'est encore là une espèce de convention tacite, par laquelle on se soumet pour un tems au Gouvernement.

§. XIII. Les Sujets d'un Etat sont quelquefois appellés citoyens; quelques-uns ne font aucune distinction entre ces deux termes, mais il est mieux de les distinguer. Celui de citoyen doit s'entendre de tous ceux qui ont part à tous les avantages, à tous les privilèges de l'association, & qui sont proprement membres de l'Etat, ou par leur naissance, ou d'une autre manière : tous les autres sont plutôt de simples habitans ou des étrangers passagers que des citoyens. Pour les femmes & les serviteurs, le titre de citoyen ne leur convient qu'en tant qu'ils jouissent de certains droits, en qualité de membres de la famille d'un citoyen, proprement ainsi nommé, & en général tout cela dépend des loix & des coutumes particulières de chaque Etat.

§. XIV. Au reste, les citoyens, outre la relation générale de membres d'une même Société civile, ont ensemble diverses relations particulières, que l'on peut réduire à deux principales.

L'une, qui se forme lorsque quelques-uns composent *certains Corps particuliers*.

L'autre, lorsque les Souverains confient à certaines personnes quelque partie du Gouvernement.

§. XV. Ces Corps particuliers sont appellés *Compagnies*, *Chambres*, *Collèges*, *So-*

ciétés, Communautés : mais ce qu'il faut bien remarquer, c'est que ces Sociétés particulières sont toutes & en dernier ressort subordonnées au Souverain.

§. XVI. D'ailleurs on peut considérer les unes comme plus anciennes que les Etats, & les autres comme ayant été formées depuis l'établissement des Sociétés civiles.

§. XVII. Celles-ci sont encore ou publiques, si elles sont établies par l'autorité du Souverain, & ces corps jouissent pour l'ordinaire de quelque privilége particulier, conformément à leurs Patentes : ou particulières, que les particuliers ont formés d'eux-mêmes.

§. XVIII. Enfin, ces corps particuliers sont ou légitimes ou illégitimes : les premiers sont ceux qui n'ayant par eux-mêmes rien d'opposé au bon ordre, aux bonnes mœurs, ni à l'autorité du souverain, sont censés approuvés par l'Etat, quoiqu'on ne leur ait pas donné d'autorisation formelle. Pour les corps illégitimes, ce ne sont pas seulement ceux dont les membres s'associent pour commettre ouvertement quelque crime, comme les bandes de larrons, de filoux, de corsaires, de brigands ; mais

mais encore toute ſorte de liaiſons dans leſquelles les citoyens entrent ſans le conſentement du Souverain, & d'une manière opposée au but des Sociétés civiles : ces engagemens s'appellent des cabales, des factions, des conjurations.

§. XIX. Ceux d'entre les citoyens à qui le Souverain confie quelque partie du Gouvernement, qu'ils exercent en ſon nom & par ſon autorité, ont en conſéquence des relations particulières avec les autres citoyens, & ils ſont engagés envers le Souverain d'une manière plus étroite : on les appelle Miniſtres, Officiers publics, ou Magiſtrats.

§. XX. Tels ſont les Régens du Royaume pendant une minorité, les Gouverneurs des provinces, des Villes, les Commandans des armées, les Intendans des finances, les Préſidens des Cours de Juſtice, les Ambaſſadeurs ou Envoyés auprès des Puiſſances étrangères, &c. Toutes ces perſonnes ayant en main une partie du Gouvernement repréſentent le Souverain, & ce ſont eux qu'on appelle proprement Miniſtres publics.

§. XXI. Il y en a d'autres qui ſont ſimplement chargés de l'exécution des affaires, comme sont les Conseillers, qui ne font que proposer leurs avis, les Secrétaires, les Receveurs des deniers publics, les Soldats, les Officiers subalternes, &c.

CHAPITRE VI.

De la Source immédiate de la Souveraineté, & de ses Fondemens.

§. I. QUOIQUE ce que nous avons dit dans le Chapitre IV. sur la Constitution des Etats, fasse assez bien connoître quelles sont l'origne & la source de la Souveraineté, & quels en sont les fondemens; cependant comme cette question est une de celles sur lesquelles les politiques sont partagés, il ne sera pas inutile de l'examiner un peu plus particulièrement: & ce qui nous reste à dire là-dessus, servira à mieux faire connoître la nature & la fin de la Souveraineté.

§. II. Quand nous recherchons ici quelle est la source de la Souveraineté, nous demandons quelle en est la source prochaine & immédiate: or il est certain que l'autorité souveraine, aussi bien que le titre sur lequel ce pouvoir est établi, & qui en fait le droit, résulte immédiatement des conventions mêmes qui forment la Société civile, & qui donnent naissance au Gouvernement.

§. III. Et en effet, considérons l'état primitif de l'homme, il est certain que les noms de Souverains & de sujets, de maîtres & d'esclaves, sont inconnus à la nature : elle nous a fait simplement hommes, tous égaux, tous également libres & indépendans les uns des autres; elle a voulu que tous ceux en qui elle a mis les mêmes facultés, eussent aussi les mêmes droits : il est donc incontestable que dans cet état primitif & de nature, personne n'a par lui-même un droit originaire de commander aux autres, ou de s'ériger en Souverain.

§. IV. Il n'y a que Dieu seul qui ait par lui-même & en conséquence de sa nature & de ses perfections, un droit naturel, essentiel & inhérent, de donner des loix aux hommes, & d'exercer sur eux une souveraineté absolue : il n'en est pas ainsi de l'homme par rapport à l'homme, ils sont tous par leur nature aussi indépendans les uns des autres, qu'ils sont dépendans de l'empire de Dieu; cette liberté, cette indépendance, est donc un droit naturel à l'homme, & duquel on ne sçauroit le priver malgré lui sans crime.

§. V. Mais si cela est ainsi, & s'il y a pourtant aujourd'hui une autorité souveraine parmi les hommes, d'où peut venir cette autorité, si ce n'est des conventions que les hommes ont faites entr'eux à ce sujet? Car de la même manière que l'on transfére son bien à quelqu'un par une convention; de même par une *soumission volontaire* on peut se dépouiller en faveur de quelqu'un, qui accepte la renonciation, du droit naturel qu'on avoit de disposer pleinement de sa liberté & de ses forces naturelles.

§. VI. Il faut donc dire que la Souveraineté réside originairement dans le peuple, & dans chaque particulier par rapport à soi-même, & que c'est le transport & la réunion de tous les droits de tous les particuliers dans la personne du Souverain, qui le constitue tel, & qui produit véritablement la Souveraineté; personne ne sçauroit douter, par exemple, que lorsque les Romains choisirent ROMULUS & NUMA pour leurs Rois, ils ne leur conférassent par cet acte même, la Souveraineté sur eux, qu'ils n'avoient pas auparavant, & à laquelle ils n'avoient certainement d'autre droit que celui que leur donnoit l'élection de ce peuple.

§. VII. Cependant, quoiqu'il soit de la dernière évidence que la Souveraineté doit son origine immédiate aux conventions humaines, rien n'empêche qu'on ne puisse dire avec raison qu'elle est de droit divin aussi bien que de droit humain.

§. VIII. En effet, depuis la multiplication des hommes, la droite raison ayant fait voir que l'établissement des Sociétés civiles & d'une autorité souveraine, étoit absolument necessaire pour l'ordre, la tranquillité & la conservation du genre humain, c'est une preuve aussi convaincante que cet établissement est dans les vues de la Providence, que si Dieu lui-même l'avoit déclaré aux hommes, par une révélation positive; & Dieu qui aime essentiellement l'ordre, veut sans doute qu'il y ait sur la terre une autorité suprême qui seule est capable de le procurer, & de le maintenir parmi les hommes, en veillant à l'observation des loix naturelles.

§. IX. Il y a là-dessus un beau passage de Ciceron. (1) » Il n'y a rien de plus » agréable à la Divinité suprême qui gou- » verne cet univers, que les Sociétés civi- les légitimement formées.

§. X. Ainsi lorsqu'on donne aux Souverains le titre de Lieutenans de Dieu sur la terre, cela ne veut pas dire qu'ils tiennent leur autorité immédiate de Dieu lui-même : mais cela signifie simplement qu'au moyen du pouvoir qu'ils ont en main, & que les Peuples leur ont conféré, ils entretiennent conformément aux vues de Dieu, l'ordre & la paix, & procurent ainsi le bonheur des hommes.

§. XI. Mais si ces titres magnifiques relévent considérablement la Souveraineté, s'ils la rendent très-respectable ; ils sont aussi en même tems une puissante leçon pour les Souverains : car ils ne sçauroient mériter le titre de Lieutenans de Dieu sur la terre, qu'autant qu'ils se servent de leur autorité, d'une manière conforme

(1) *Nihil est illi Principi Deo, qui omnem hunc mundum regit, quod quidem in terris fiat acceptius, quàm concilia cœtusque hominum jure sociati, quæ Civitates appellantur. Somn. Scip. Cap. III.*

aux vues pour lesquelles elle leur a été confiée, & qui réponde aux intentions de Dieu, c'est-à-dire pour le bonheur des Peuples, en travaillant de tout leur pouvoir à les rendre sages & vertueux.

§. XII. Cela suffit sans doute, pour faire regarder comme sacrée l'origine du gouvernement, & pour engager les sujets à la soumission & au respect pour la personne du Souverain; mais il y a des politiques qui poussent la chose plus loin, ils soutiennent que c'est Dieu qui confére immédiatement aux Princes le pouvoir souverain, sans que les hommes y contribuent en aucune manière.

§. XIII. Pour cet effet, ils distinguent la cause de l'Etat & la cause de la Souveraineté: ils avouent que les Etats sont formés par des conventions, mais ils veulent que Dieu lui-même soit la cause immédiate de la Souveraineté. Selon eux, les peuples qui se choisissent un Roi ne lui conférent pas pour cela l'autorité souveraine, ils ne font que désigner celui à qui le ciel doit la confier. Le consentement du peuple à la domination d'une seule personne ou de plusieurs, peut bien être considéré comme un canal, par où découle l'autorité suprême ; mais il n'en est pas la source.

§ XIV. Le principal raisonnement que les politiques emploient pour prouver leur opinion, c'est que ni chaque particulier parmi un grand nombre de gens libres & indépendans, ni la multitude entiére, n'ayant en aucune maniére la majesté souveraine, ils ne sçauroient la conférer au Roi. Mais ce raisonnement ne prouve rien : il est vrai que chaque membre de la Société, ni la multitude ne sont pas revêtus formellement de la souveraine autorité telle qu'elle est dans le Souverain ; mais il suffit qu'ils la possédent virtuellement, c'est-à-dire, qu'ils ayent en eux-mêmes tout ce qu'il faut pour qu'ils puissent, par le concours de leurs volontés, & par leur consentement, la produire dans le Souverain.

§. XV. Chaque particulier ayant naturellement le droit de disposer de sa personne & de ses actions comme il le juge à propos, pourquoi ne pourroit-il pas accorder à quelqu'un ce droit de direction qu'il a sur lui-même ? Or qui ne voit que si tous les membres d'une Société s'accordent à faire cette cession de leur droit à quelqu'un d'entr'eux, cette cession sera la cause immédiate & prochaine de la Souveraineté ? Il est donc clair qu'il y a dans chaque particulier, pour ainsi dire, des semences du pouvoir souverain ; il en est ici à peu près comme de plusieurs voix réunies ensemble, qui forment par cette union une harmonie qui n'étoit pas dans chacune d'elles en particulier.

§. XVI. Mais, direz-vous, l'Ecriture elle-même ne dit-elle pas que toute personne doit être soumise aux Puissances souveraines, parce qu'elles sont établies de Dieu ? (1) Je répons avec GROTIUS, que les hommes ont établi des Sociétés civiles, non en conséquence d'un ordre de Dieu, mais de leur propre mouvement, y étant portés par l'expérience qu'ils avoient faite de l'impuissance où étoient les familles séparées, de se bien mettre à couvert des insultes & de la violence d'autrui. De là (ajoute-t-il) est né le pouvoir civil, que S. Pierre appelle pour cette raison, *un pouvoir humain*, (2) quoiqu'il soit ailleurs qualifié un

(1) *Rom.* 13.
(2) *Epit. I. Chap. II. v.* 13.

établissement divin, (3) parce que Dieu l'a approuvé comme une chose salutaire aux hommes. (4)

§. XVII. Toutes les autres preuves du sentiment que nous combattons, ne méritent pas qu'on les relève. En général, on peut remarquer que l'on n'a jamais débité de plus pitoyables raisons sur cette matière, comme il est aisé de s'en convaincre par la lecture du chapitre de PUFFENDORF qui répond à celui-ci, où elles sont rapportées & réfutées. (5)

§. XVIII. Concluons donc que le sentiment de ceux qui prétendent que Dieu est la cause immédiate de la Souveraineté, n'a de fondement que dans l'adulation & la flaterie, par laquelle pour rendre l'autorité des Souverains plus absolue, on a voulu la rendre entiérement indépendante de toute convention humaine, & ne la faire dépendre que de Dieu. Mais quand même on accorderoit que les Princes tien-

(3) *Rom.* 13.

(4) Grotius, *Droit de la G. & de la P. L.* I. *Chap. IV.* § 7. 12. *N.* 3. *Voyez ci-dessus N.* 7. *&* *suivans.*

(5) Voy. *D. de la Nat. & des G. Liv.* 7. *Chap.* 3.

nent immédiatement de Dieu leur autorité, on ne sçauroit tirer de ce principe les conséquences que quelques politiques veulent en déduire.

§. XIX. Car comme il est très certain que Dieu ne confieroit aux Princes cette souveraine autorité que dans la vue du bien de la Société en général, & pour celui des particuliers, l'exercice de ce pouvoir se trouveroit toujours nécessairement limité, par l'intention même dans laquelle Dieu l'auroit confié au Souverain, en telle sorte que les Peuples ne seroient pas moins autorisés à refuser d'obeir à un Prince, qui, bien loin de travailler aux vues de Dieu, ne travailleroit, au contraire, qu'à les traverser & à les détruire en rendant ses Peuples misérables, comme nous le montrerons plus particulièrement dans la suite.

CHAPITRE VII.

Des caractères essentiels à la Souveraineté, de ses modifications, de son étendue & de ses bornes.

1°. *Des caractères de la Souveraineté.*

§. I. Nous avons défini ci-devant la Souveraineté, le droit de commander en dernier ressort dans la Société civile, que les membres de cette Société ont déféré à une personne, pour y maintenir l'ordre au dedans & la sureté au dehors. Cette définition nous fait connoître quels sont les caractères propres du pouvoir qui gouverne l'Etat, c'est ce qu'il est à propos de développer ici plus particulièrement.

§. II. Le premier caractère, & celui d'où découlent tous les autres, c'est que c'est un pouvoir souverain & indépendant, c'est-à-dire, une puissance qui juge en dernier ressort, de tout ce qui est susceptible de la direction humaine, & qui peut intéresser le salut & l'avantage de la Société ; ensorte que cette Puissance ne reconnoît aucun supérieur sur la terre duquel elle dépende.

§. III. Mais il faut bien remarquer, que quand nous disons que la puissance civile est par sa nature, souveraine & indépendante, nous n'entendons pas par là qu'elle ne dépende pas, quant à son origine, de la volonté humaine (1) ; nous voulons dire seulement, que cette puissance une fois établie, n'en reconnoît sur la terre aucune au dessus d'elle, ou qui lui soit supérieure ou égale, & que par conséquent, ce qu'elle fait ou établit dans l'étendue de son pouvoir, ne sçauroit être annullé par aucune autre volonté humaine, en tant que supérieure.

§. IV. Il est absolument nécessaire, que dans tout Gouvernement il y ait une telle puissance suprême : la nature même de la chose le veut ainsi, & il ne sçauroit subsister sans céla ; car puisqu'on ne peut pas multiplier les puissances à l'infini, il faut nécessairement s'arrêter à quelque degré

(1) Vid. *sup.* IV. & VI. où nous avons prouvé le contraire.

d'autorité supérieur à tout autre ; & quelle que soit la forme du Gouvernement, soit Monarchique, Aristocratique, Démocratique ou Mixte, il faut toujours qu'on soit soumis à une décision souveraine, puisqu'il implique contradiction de dire qu'il y ait quelqu'un au dessus de celui qui tient le plus haut rang dans un même ordre d'êtres.

§. V. Un second caractère, qui est une suite du premier, c'est que le Souverain comme tel, n'est tenu de rendre compte à personne ici bas de sa conduite, ni sujet à aucune peine de la part des hommes : car l'un & l'autre suppose un supérieur.

§. VI. Il y a deux manières de rendre compte.

L'une comme à un supérieur qui est en droit d'annuller ce que l'on a fait s'il ne le trouve pas à son gré, & même d'infliger quelque peine, & cette manière ne sçauroit convenir au Souverain.

L'autre, comme à un égal dont on souhaite d'avoir l'approbation, & rien n'empêche que le Souverain ne rende compte de cette manière, & ceux mêmes qui sont sensibles à l'honneur, cherchent à se concilier par là l'estime & l'approbation des hommes, en faiſant connoître à tout le monde qu'ils agiſſent ſagement & avec intégrité : mais cela n'emporte aucune dépendance.

§. VII. J'ai dit que le Souverain comme tel, n'étoit ni comptable ni puniſſable, c'eſt-à-dire, auſſi long-tems qu'il eſt véritablement Souverain, & qu'il n'eſt pas déchu de ſon droit : car on ne ſçauroit nier que ſi le Souverain oubliant totalement dans quelle vue la ſouveraineté lui a été confiée, s'en ſervoit d'une manière directement oppoſée à ſa deſtination, & devenoit ainſi l'ennemi de l'Etat, la ſouveraineté ne retourne (*ipſo facto*) à la Nation, & qu'elle ne puiſſe agir avec celui qui étoit ſon Souverain, de la manière la plus convenable à ſes intérêts & à ſa ſureté : & quelque idée qu'on puiſſe ſe faire de la ſouveraineté, on ne ſçauroit prétendre raiſonnablement que ce ſoit un droit & un titre aſſuré, de faire impunément tout ce que les paſſions les plus déréglées peuvent inſpirer, & de devenir ainſi l'ennemi de la Société.

§. VIII. C'eſt un troiſième caractère eſſentiel à la ſouveraineté conſidérée en elle-même, que le Souverain, comme tel, soit au dessus de toute loi humaine ou civile : je dis de toute loi humaine, car on ne sçauroit douter que le Souverain lui-même ne soit soumis aux loix divines, soit naturelles, soit positives.

Regum timendorum in proprios greges,
Reges in ipsos Imperium est Jovis.
Horat. Lib. 3. Od. 1.

§. IX. Mais à l'égard des Loix purement humaines, comme toute leur force & leur obligation dépendent en dernier ressort, de la volonté même du Souverain, on ne sçauroit dire, à proprement parler, qu'elles l'obligent : car toute obligation suppose nécessairement deux personnes, un supérieur & un inférieur.

§. X. Cependant l'équité naturelle veut quelquefois, que le Prince pratique lui-même ses propres loix, afin que les Sujets soient plus efficacement portés à leur observation : c'est ce qui est parfaitement bien exprimé dans ces vers de CLAUDIEN (a) :

(a) *De IV. Consul. Honor. v. 296. & seqq.*

In

In commune jubes si quid, censesve tenendum;
Primus jussa subi. Tunc observantior æqui
Fit Populus, nec ferre negat, cùm viderit ipsum
Auctorem parere sibi: componitur orbis
Regis ad exemplum, nec sic inflectere sensus
Humanos edicta valent, ut vita regentis.

§. XI. Au reste nous supposons la Souveraineté telle qu'elle est en elle-même, & que l'établissement des Loix civiles dépend en dernier ressort de la seule volonté de celui qui jouit des honneurs & du titre du Souverain, tellement que son autorité ne soit point limitée à cet égard: sans cela cette supériorité du Prince pardessus les loix, ne sçauroit lui convenir dans toute l'étendue que nous lui avons donnée.

§. XII. Cette Souveraineté telle que nous venons de la représenter, résidoit originairement dans le peuple; mais dès qu'un peuple a transféré son droit à un Souverain, on ne sçauroit supposer sans contradiction, qu'il en reste encore le maître.

§. XIII. Ainsi la distinction que font quelques politiques d'une *Souveraineté réelle*, qui réside toujours dans le peuple, & d'une *Souveraineté actuelle* qui appartient au Roi, est également absurde & dangereuse; il est ridicule de prétendre, que même après qu'un peuple a déféré la Souveraine autorité à un Roi, il demeure pourtant en possession de cette même autorité, supérieure au Roi même.

§. XIV. Il faut donc garder ici un juste milieu, & établir des principes qui ne favorisent, ni la tyrannie, ni l'esprit d'indépendance & la rebellion.

1°. Il est certain que dès qu'un peuple s'est soumis à un Roi véritablement tel, il n'a plus de pouvoir souverain.

2°. Mais il ne s'ensuit pas delà que le peuple ait conféré le pouvoir souverain de telle manière, qu'il ne se soit réservé en aucun cas de le reprendre.

3°. Cette réserve est quelquefois expresse; & il y en a toujours une tacite, dont l'effet se développe, lorsque celui à qui on a confié la souveraine autorité, en abuse d'une manière directement & totalement contraire à la fin pour laquelle elle lui a été confiée, comme cela paroîtra encore mieux par la suite.

§. XV. Mais quoiqu'il soit absolument nécessaire qu'il y ait dans l'Etat une puissance souveraine & indépendante, il y a cependant quelque différence, sur tout dans les Monarchies & les Aristocraties, dans la manière dont ceux à qui ce pouvoir est confié l'exercent. Dans quelques Etats le Prince gouverne comme il le juge à propos ; dans d'autres il est obligé de suivre certaines régles fixes & constantes, dont il ne sçauroit s'écarter : c'est ce que j'appelle les modifications de la Souveraineté, & c'est de là que naît la distinction de la Souveraineté absolue & de la Souveraineté limitée.

2°. *De la Souveraineté absolue.*

§. XVI. La Souveraineté absolue n'est donc autre chose que le droit de gouverner l'Etat comme on le juge à propos, selon que la situation présente des affaires le demande, & sans être obligé de consulter personne, ni de suivre certaines régles déterminées, fixes & perpétuelles.

§. XVII. Il y a plusieurs réflexions importantes à faire là-dessus.

1°. Le terme de pouvoir absolu est pour

l'ordinaire fort odieux aux Républicains ; & il faut avouer qu'étant mal entendu, il peut faire de fâcheuses impressions sur l'esprit des princes, sur tout dans la bouche des flateurs.

2°. Pour s'en faire une juste idée, il faut remonter au principe. Dans l'état de nature ; chacun a une liberté absolue de disposer de sa personne & de ses actions, de la maniére qu'il juge la plus convenable à son bonheur ; & sans être obligé de consulter personne ; pourvu néanmoins qu'il ne fasse rien de contraire aux loix naturelles. Lorsqu'une multitude d'hommes se joignent ensemble pour former un Etat, ce corps a par conséquent la même liberté par rapport aux choses qui intéressent le bien commun.

3°. Lors donc que le corps entier des citoyens confére la Souveraineté au Prince, avec cette étendue & ce pouvoir absolu qui résidoit en lui originairement, & sans y ajouter aucune restriction particulière, on dit que cette Souveraineté est absolue.

4°. Cela étant ; il ne faut pas confondre un pouvoir absolu avec un pouvoir arbitraire, despotique & sans bornes ; car il résulte de ce que nous venons de dire sur l'origine & la nature de la Souveraineté absolue, qu'elle se trouve limitée par sa nature même, par l'intention de ceux de qui le Souverain la tient, & par les loix mêmes de Dieu : c'est ce qu'il faut développer.

§. XVIII. Le but que les hommes se sont proposé en renonçant à leur indépendance naurelle, & en établissant le Gouvernement & la Souveraineté, étoit sans doute de remédier aux maux qui les travailloient, & de pourvoir d'une manière sure à leur bonheur. Cela étant, comment pourroit-on concevoir que ceux qui, dans cette vue, ont accordé un pouvoir absolu au Souverain, ayent eu l'intention de lui donner une puissance arbitraire & sans bornes, ensorte qu'il fût en droit de satisfaire son caprice & ses passions au préjudice de la vie, des biens, & de la liberté de ses Sujets ? Nous avons fait voir ci-devant au contraire, que l'Etat civil donne nécessairement aux Sujets le droit d'exiger du Souverain qu'il usera de son autorité pour leurs avantages & conformément aux vues dans lesquelles elle lui a été confiée.

§. XIX. Il faut donc reconnoître que dans

l'intention des peuples, la Souveraineté absolue n'a jamais été accordée au Souverain que sous cette condition précise, que le bien public seroit pour lui la souveraine loi ; par conséquent, tant que le Prince agit pour cette fin, il est autorisé par le peuple ; mais au contraire, s'il ne se sert de son pouvoir que pour la ruine de ses sujets, il agit uniquement de son chef, & nullement en vertu du pouvoir que le peuple lui a confié.

§. XX. Il y a plus, & la nature même de la chose ne permet pas que l'on étende le pouvoir absolu au delà des bornes de l'utilité publique ; la Souveraineté absolue ne sçauroit donner au Souverain plus de droit que le peuple n'en avoit originairement lui-même. Or avant la formation des Sociétés civiles, personne sans contredit n'avoit le pouvoir de se faire du mal à soi-même ou aux autres, donc le pouvoir absolu ne donne pas au Souverain le droit de maltraiter ses sujets.

§. XXI. Dans l'état de nature, chacun étoit le maître absolu de sa personne & de ses actions, pourvu qu'il se renfermât dans les bornes des loix naturelles. Le pouvoir absolu ne se forme que par la réunion de tous les droits des particuliers dans la personne du Souverain ; par conséquent le pouvoir absolu du Souverain est renfermé dans les mêmes bornes qui limitoient celui que les particuliers avoient originairement.

§. XXII. Je vais plus loin, & je dis que quand même on supposeroit qu'un peuple auroit effectivement voulu accorder à son Souverain une puissance arbitraire & sans bornes, cette concession seroit nulle par elle-même, & de nul effet.

§. XXIII. Personne ne peut se dépouiller de sa liberté, jusqu'à se soumettre à une puissance arbitraire, qui le traite absolument à sa fantaisie ; ce seroit renoncer à sa propre vie, dont il n'est pas le maître ; ce seroit renoncer à son devoir, ce qui n'est jamais permis ; & si cela est vrai par rapport à un particulier qui se feroit esclave, bien moins encore un peuple entier a-t-il ce pouvoir, dont chacun de ceux qui le composent est entièrement destitué.

§. XXIV. Et c'est ce qui achève de prouver invinciblement que la Souveraineté, quelque absolue qu'on la suppose, a pourtant des bornes, & qu'elle ne sçauroit renfermer le pouvoir arbitraire de faire tout ce que l'on veut, sans autre régle ou sans autre raison que la volonté despotique du Souverain.

§. XXV. Et comment pourroit-on attribuer un tel pouvoir à la créature, puisque le souverain Estre ne l'a pas lui-même? Son domaine absolu n'est pas fondé sur une volonté aveugle; sa volonté souveraine est toujours déterminée par les régles immuables de la sagesse, de la justice & de la bénéficence.

§. XXVI. En un mot, le droit de commander, la souveraineté doit toujours être établie en dernier ressort sur une puissance bienfaisante; sans cela elle ne sçauroit produire une véritable obligation; la raison ne sçauroit l'approuver ni s'y soumettre, & c'est ce qui distingue l'empire & la souveraineté, de la violence & du brigandage. Telles sont les idées que l'on doit se faire de la Souveraineté absolue.

3°. *De la Souveraineté limitée.*

§. XXVII. Mais quoique le pouvoir absolu, considéré en lui-même, & tel que nous venons de le représenter, n'ait rien d'odieux ou d'illégitime, & que les peuples puissent l'accorder sur ce pied-là au Souverain, il faut convenir que l'expérience de tous les temps a appris aux hommes, que cette sorte de Gouvernement n'étoit pas celle qui leur convenoit le mieux, ni la plus propre à leur procurer un état heureux & tranquille.

§. XXVIII. Quelque distance qu'il y ait entre les Sujets & le Souverain, à quelque dégré d'élévation que ce dernier soit placé par dessus les autres, il est homme comme eux; leurs ames sont, pour ainsi dire, jettées au même moule, ils sont tous sujets aux mêmes préjugés, tous accessibles aux mêmes passions.

§. XXIX. Bien plus, le poste même qu'occupent les Souverains, les expose à des tentations inconnues aux particuliers: la plûpart des Princes n'ont ni assez de vertu, ni assez de courage pour modérer leurs passions, quand ils se voient tout permis. Il est donc à craindre pour les peuples qu'une autorité sans bornes ne tourne à leur préjudice, & que ne s'étant réservé aucune sureté que le souverain n'en abusera pas, il n'en abuse effectivement.

§. XXX. Ce sont ces réflexions justifiées par l'expérience, qui ont porté la plûpart des peuples, & les plus ſages, à mettre des bornes au pouvoir de leurs Souverains, & à leur preſcrire la manière dont ils doivent gouverner, & c'eſt ce qui produit la Souveraineté limitée.

§. XXXI. Mais ſi cette limitation du pouvoir ſouverain eſt avantageuſe aux peuples, elle ne fait aucun tort aux Princes mêmes; on peut même dire qu'elle tourne à leur avantage, & qu'elle fait la plus grande ſureté de leur autorité.

§. XXXII. Elle ne fait aucun tort aux Princes; car au fond, s'ils ne pouvoient ſe réſoudre à n'avoir qu'une autorité bornée, il ne tenoit qu'à eux de refuſer la Couronne: & s'ils l'acceptent une fois à ces conditions, ils ne ſont plus les maîtres de chercher dans la ſuite à les anéantir, ou de travailler à ſe rendre abſolus.

§. XXXIII. Elle eſt avantageuſe aux Princes, puiſque ceux dont le pouvoir eſt abſolu, & qui veulent s'acquitter de leur devoir en conſcience, ſont engagés à une vigilance & à une circonſpection beaucoup plus grande & beaucoup plus fatigante pour eux, que ceux qui ont, pour ainſi dire, leur tâche toute marquée, & qui ne peuvent s'écarter de certaines régles.

§. XXXIV. Enfin cette limitation de la Souveraineté fait la plus grande sureté de l'autorité des Princes : car étant ainsi moins exposés à la tentation, ils évitent la terrible vengeance qu'exercent quelquefois les peuples sur les princes qui ayant une autorité absolue, en abusent avec excès. Le pouvoir absolu dégénère aisément en despotisme, & le despotisme donne lieu aux plus grandes & aux plus funestes révolutions pour les Souverains ; c'est ce que l'expérience a justifié de tout temps : c'est donc une heureuse impuissance pour les Rois de ne pouvoir rien faire contre les loix de leur pays.

§. XXXV. Concluons donc qu'il dépend entièrement des peuples libres, de donner aux Souverains qu'ils établissent sur eux, une autorité ou absolue ou limitée par certaines loix, pourvu que ces loix ne renferment rien d'opposé à la justice, ni de contraire au but même du Gouvernement : ces réglemens, qui restreignent l'autorité souveraine, qui lui donnent des bornes, sont appellés, *Loix fondamentales de l'Etat.*

4°. *Des Loix fondamentales.*

§. XXXVI. Les Loix fondamentales de l'Etat, prises dans toute leur étendue, sont non seulement des ordonnances par lesquelles le corps entier de la Nation détermine quelle doit être la forme du Gouvernement, & comment on succédera à la Couronne, mais encore ce sont des conventions entre le peuple & celui ou ceux à qui il défére la Souveraineté, qui réglent la maniére dont on doit gouverner, & par lesquelles on met des bornes à l'autorité souveraine.

§. XXXVII. Ces réglemens sont appellés des loix fondamentales, parce qu'elles sont comme la base & le fondement de l'Etat, sur lesquelles l'édifice du Gouvernement est élevé, & que les peuples les considérent comme ce qui en fait toute la force & la sureté.

§. XXXVIII. Ce n'est pourtant que d'une maniére impropre & abusive, qu'on leur donne le nom de loix; car, à proprement parler, ce sont de véritables conventions: mais ces conventions étant obligatoires entre les parties contractantes, elles ont la force des loix même. Entrons dans quelque détail.

§. XXXIX. 1°. Je remarque d'abord qu'il y a une espéce de loi fondamentale de droit & de nécessité essentielle à tous les Gouvernemens, même dans les Etats où la Souveraineté est la plus absolue; & cette loi, c'est celle du bien public, dont le Souverain ne peut jamais s'écarter sans manquer à son devoir: mais cela seul ne suffit pas pour rendre la Souveraineté limitée.

§. XL. Ainsi les promesses ou expresses ou tacites, par lesquelles les Rois s'engagent même avec serment quand ils parviennent à la Couronne, de gouverner suivant les loix de la Justice & de l'équité, de veiller au bien public, de n'opprimer personne, de protéger les bons, de punir les méchans, & autres choses semblables, n'apportent aucune limitation à leur autorité, & ne diminue rien du pouvoir absolu: il suffit que le choix des moyens pour procurer l'avantage de l'Etat & la maniére de les mettre en usage, soient laissés au jugement & à la disposition du Souverain: autrement la distinction du pouvoir absolu & du pouvoir limité se trouveroit anéantie.

§. XLI. 2°. Mais à l'égard des loix fondamentales, proprement ainsi nommées, ce ne sont que des précautions plus particulières que prennent les peuples, pour obliger plus fortement les Souverains à user de leur autorité, conformément à la régle générale du bien public; & c'est ce qui peut se faire en différentes manières; mais ensorte que ces limitations de la Souveraineté ont plus ou moins de force, selon le plus ou le moins de précautions que la Nation a prises, afin qu'elles eussent leur exécution.

§. XLII. Ainsi 1°. une Nation peut exiger du Souverain, qu'il s'engage par une promesse particulière à ne point faire de nouvelles loix, qu'il ne fera aucune nouvelle imposition, qu'il ne levera des impôts que sur certaines choses; qu'il ne donnera point des emplois à un certain ordre de gens; qu'il ne prendra point à sa solde des troupes étrangères, &c. Alors l'autorité souveraine se trouve véritablement limitée à ces différens égards; ensorte que tout ce que le Roi feroit au contraire de l'engagement formel où il est entré, seroit nul & de nulle force. Que s'il survenoit quelques cas extraordinaires dans lesquels le

Souverain estimât qu'il fût du bien public que l'on s'écartât des loix fondamentales, le Prince ne sçauroit le faire de son chef, au mépris de son engagement ; mais il devroit, dans ces circonstances, consulter là-dessus le peuple lui-même ou ses représentans. Autrement, sous prétexte de quelque nécessité ou de quelque utilité, le Souverain pourroit aisément éluder sa parole, & anéantir l'effet des précautions que la Nation a prises pour restreindre son pouvoir : cependant PUFFENDORF n'est pas dans cette pensée (1). Mais pour une plus grande sureté de l'exécution des engagemens dans lesquels est entré le Souverain & qui limitent son pouvoir, il est convenable d'exiger formellement de lui qu'il convoquera une assemblée génerale du peuple ou de ses représentans, ou des des grands de la Nation lorsqu'il s'agit des choses que l'on n'a pas voulu laisser à sa disposition : ou bien la Nation peut établir d'avance un Conseil, un *Sénat*, un Parlement, sans le consentement duquel le Prince ne puisse rien faire par rapport aux

(1) *voyez* Droit de la Nat. & des C. Liv. 7. C. 6. § 10.

choses qu'on n'a pas voulu soumettre à sa volonté.

§. XLIII. 2°. L'histoire même nous apprend que quelques peuples ont poussé plus loin leurs précautions, en insérant formellement dans leurs loix fondamentales, une clause commissoire, par laquelle le Roi étoit déclaré déchu de la couronne, s'il venoit à violer ces loix. PUFFENDORF en rapporte un éxemple tiré du serment de fidélité que les peuples d'Arragon prêtoient autrefois à leurs Rois. « Nous qui valons » autant que toi, te faisons notre Roi, à » condition que tu garderas & observeras » nos priviléges & nos libertés, & non » pas autrement ».

§. XLIV. C'est au moyen de ces précautions, qu'une Nation limite véritablement l'autorité qu'elle donne au Souverain, & qu'elle s'assure sa liberté; car comme nous l'avons vû ci-devant, la liberté civile doit être accompagnée, non-seulement du droit d'éxiger du Souverain qu'il use bien de son autorité, mais encore de l'assurance morale que ce droit aura son effet: & ce qui seul peut donner aux peuples cette assurance, ce sont les précautions qu'ils se ménagent contre l'abus l'abus du pouvoir souverain, en limitant là son autorité, de manière que ces précautions puissent aisément avoir leur effet.

§. XLV. D'ailleurs, ce qu'il faut bien remarquer, c'est que ces limitations du pouvoir souverain ne le rendent point défectueux; & qu'elles ne donnent aucune atteinte à la souveraineté même; car un Prince ou un Sénat à qui on a déféré la souveraineté sur ce pied-là, en peut exercer tous les actes aussi bien que dans une Monarchie absolue: toute la différence qu'il y a, c'est qu'ici le Prince prononce seul en dernier ressort, suivant son propre jugememt; mais dans une Monarchie limitée, il y a une certaine assemblée qui, conjointement avec le Roi, connoît de certaines affaires, & dont le consentement est une condition nécessaire & sans laquelle le Roi ne sçauroit rien déterminer. Mais la sagesse & la vertu des bons Princes se trouvent toujours fortifiées par le concours de l'assistance de ceux qui, conjointement avec eux, ont part à l'autorité; ils font toujours tout ce qu'ils veulent lorsqu'ils ne veulent que ce qui est juste & bon, & ils doivent s'estimer heureux de ne pouvoir pas faire le contraire.

§. XLVI. 3°. En un mot, comme les loix fondamentales, qui limitent l'autorité souveraine, ne sont autre chose que des moyens dont les Peuples se servent pour s'assurer que le Prince ne s'écartera point de la loi générale du bien public, dans les circonstances les plus importantes, on ne sçauroit dire qu'elles rendent la souveraineté imparfaite ou défectueuse : car si l'on supposoit un Prince d'une autorité absolue, mais en même tems d'une sagesse & d'une vertu si parfaite, qu'il ne s'écartât jamais le moins du monde de ce que demande le bien public, & que toutes ses déterminations fussent assujetties à cette régle supérieure, diroit-on pour cela que son pouvoir fût en quelque chose affoibli ou défectueux ? Non sans doute ; par conséquent les précautions que les Peuples prennent contre la foiblesse ou la malice inséparables de l'humanité, en limitant la puissance de leurs Souverains, pour empêcher qu'ils n'en abusent, n'affoiblissent ou ne diminuent en rien la souveraineté, mais au contraire elles la perfectionnent, en réduisant le Souverain à la nécessité de bien faire, en le mettant, pour ainsi dire, dans l'impuissance de faillir.

§. XLVII. Il ne faut pas croire non plus, qu'il y ait deux volontés distinctes dans un Etat dont la souveraineté est limitée de la manière que nous l'avons expliquée ; car l'Etat ne veut rien que par la volonté du Roi. Tout ce qu'il y a, c'est que quand une certaine condition stipulée vient à manquer, le Roi ne peut pas vouloir, ou veut en vain certaines choses : mais il n'en est pas moins pour cela souverain. De ce qu'un Prince ne peut pas tout faire à sa fantaisie, il ne s'ensuit pas qu'il ne soit souverain : le pouvoir souverain & le pouvoir absolu ne doivent point être confondus, & l'on conçoit bien par tout ce que l'on a dit, que l'un peut subsister sans l'autre.

§. XLVIII. 4°. Enfin, il y a une autre manière de limiter le pouvoir de ceux à qui la souveraineté est commise ; c'est de ne pas confier tous les différens droits qu'elle renferme à une seule & même personne, mais de les remettre en des mains séparées, à différentes personnes ou à différens corps, pour la modifier, ou pour la restraindre.

§. XLIX. Par exemple, si l'on suppose que le corps entier de la nation se réserve le pouvoir législatif, & celui de créer les principaux Magistrats ; qu'elle donne au Roi le pouvoir militaire & exécutif &c. & qu'elle confie à un Sénat composé des Principaux, le pouvoir judiciaire, celui de mettre des impôts, &c. l'on comprend bien que cela peut s'exécuter en différentes manières, entre lesquelles la prudence doit décider du choix.

§. L. Si le Gouvernement est établi sur ce pied-là, par l'acte primordial d'association, il se fait alors une espèce de partage des droits de la Souveraineté, par un contrat ou une stipulation réciproque entre les différens corps de l'Etat. Ce partage produit un balancement de puissance, qui met les différens corps de l'Etat dans une dépendance mutuelle, qui retient chacun de ceux qui ont part à l'autorité souveraine, dans les bornes que la loi leur assigne, & qui fait ainsi la sûreté de la liberté : car, par exemple, l'autorité royale se trouve balancée par le pouvoir du Peuple, & un troisième ordre sert comme de contre-poids aux deux premiers, pour les tenir toujours dans l'équilibre, & empêcher l'un de s'élever au-dessus de l'autre. Mais en voilà assez sur la distinction de la Souveraineté absolue & limitée.

5°. *Des Royaumes Patrimoniaux & Usufructuaires.*

§. LI. REMARQUONS enfin, pour finir ce chapitre, qu'il y a encore une autre différence accidentelle dans la manière de posséder la Souveraineté, sur tout par rapport aux Rois. Les uns sont les maîtres de leur Couronne, comme d'un patrimoine, qu'il leur est permis de partager, de transférer, d'aliéner à qui bon leur semble; en un mot, dont ils peuvent disposer comme ils le jugent à propos : d'autres n'ont la Souveraineté qu'à titre d'*Usufruit* ou de *Fidéicommis*, & cela ou pour eux seulement, ou avec pouvoir de la transmettre à leurs descendans, suivant les régles établies pour la succession. C'est sur ce fondement que les Docteurs distinguent les Royaumes en patrimoniaux, & en usufructuaires ou non patrimoniaux.

§. LII. On ajoute que ces Rois possédent la Couronne en pleine propriété, qui ont acquis la Souveraineté par droit de conquête, ou ceux à qui un Peuple s'est donné sans réserve pour éviter un plus grand mal ; mais qu'au contraire les Rois qui ont été établis par un libre consentement du Peuple, ne possédent la Couronne qu'à titre d'usufruit. Telle est la manière dont GROTIUS explique cette distinction, en quoi il a été suivi par PUFFENDORF, & par la plûpart des autres Commentateurs ou Ecrivains. (1)

§. LIII. Sur quoi l'on peut faire les remarques suivantes.

1°. C'est que rien n'empêche, à la vérité, que le pouvoir souverain n'entre en commerce, aussi bien que tout autre droit : il n'y a en cela rien de contraire à la nature de la chose, & si la convention entre le Prince & le Peuple porte que le Prince aura plein droit de disposer de la Couronne comme il le trouvera à propos, ce sera si l'on veut, un Royaume patrimonial.

(1) Voy. GROTIUS, *D. de la Guerre & de la Paix*, L. 1. Ch. 3. §. 11. & 12. &c. PUFFENDORF, *D. de la Nat. & des G.* L. 7. Ch. 6. §. 14. 15.

2°. Mais les exemples de pareilles conventions sont très-rares, & à peine en trouve-t-on d'autres que celui des Egyptiens avec leur Roi, dont il est parlé dans la Genèse (1).

3°. Le pouvoir souverain, quelque absolu qu'il soit, n'emporte pas par lui-même un droit de propriété ni par conséquent le pouvoir d'aliéner. Ce sont deux idées tout-à-fait distinctes & qui n'ont l'une avec l'autre aucune liaison nécessaire.

4°. Il est vrai qu'on allégue un grand nombre d'exemples d'aliénations faites de tout tems par les souverains : mais ou ces aliénations n'ont eu aucun effet, ou bien elles ont été faites ou approuvées par un consentement ou exprès, ou tacite du Peuple, ou enfin elles n'ont eu d'autres titres que la force.

5°. Concluons donc, comme un principe incontestable, que dans le doute, tout Royaume doit-être censé non patrimonial, aussi long-tems qu'on ne prouvera pas d'une manière ou d'une autre, qu'un Peuple s'est soumis sur ce pied-là à un Souverain.

(1) *Ch.* 47. ℣. 18. *& suiv.*

CHAPITRE VIII.

Des Parties de la Souveraineté, ou des différens droits essentiels qu'elle renferme.

§. I. IL ne nous reste plus pour finir cette première Partie, que de traiter des parties de la Souveraineté en général. L'on peut considérer la Souveraineté comme un assemblage de divers droits & de plusieurs pouvoirs distincts, mais conférés pour une même fin, c'est-à-dire, pour le bien de la Société, & qui sont tous essentiellement nécessaires pour cette même fin : ce sont ces différens droits, ces différens pouvoirs, que l'on appelle les parties essentielles de la Souveraineté.

§. II. Pour connoître quelles sont les parties de la Souveraineté, il ne faut que faire attention à sa nature & à sa fin.

La Souveraineté a pour but la conservation, la tranquillité & le bonheur de l'Etat, tant par rapport au dedans, que par rapport au dehors : il faut donc qu'elle renferme en elle-même tout ce qui lui est essentiellement nécessaire pour procurer cette double fin.

§. III. 1°. Cela étant, la premiére partie de la Souveraineté, & qui est comme le fondement de toutes les autres, c'est le pouvoir législatif en vertu duquel le Souverain établit en dernier ressort, des régles générales & perpétuelles que l'on nomme *Loix* : par là chacun est instruit de ce qu'il doit faire ou ne pas faire pour conserver la paix & le bon ordre, de ce qu'il conserve de sa liberté naturelle, & comme il doit user de ses droits pour ne pas troubler le repos public.

C'est par le moyen des Loix que l'on ramène à l'unité cette prodigieuse diversité de sentimens & d'inclinations que l'on remarque entre les hommes, & que l'on établit entr'eux ce concert & cette harmonie essentiellement nécessaires à la Société, & qui dirige toutes les actions des membres qui la composent, au bien & à l'avantage commun : bien entendu que les loix du Souverain ne doivent avoir rien d'opposé aux loix divines, soit naturelles soit révélées.

§. IV. 2°. Au pouvoir législatif, il faut joindre le pouvoir coactif, c'est-à-dire, le droit d'établir des peines contre ceux qui troublent la Société par leurs desordres, & le pouvoir de les infliger actuellement : sans cela l'établissement de la Société civile & des loix seroit tout-à-fait inutile, & on ne sçauroit se promettre de vivre en paix & en sureté. Mais afin que la crainte des peines puisse faire une impression assez forte sur les esprits, il faut que le droit de punir s'étende jusqu'à pouvoir faire souffrir le plus grand de tous les maux naturels, je veux dire la mort : autrement la crainte de la peine ne seroit pas toujours capable de balancer la force du plaisir & de la passion : en un mot, il faut qu'on ait manifestement plus d'intérêt à observer la loi qu'à la violer : ainsi ce droit du glaive est sans contredit le plus grand pouvoir qu'un homme puisse exercer sur un autre homme.

§. V. 3°. Ensuite il est nécessaire pour maintenir la paix dans un Etat, que le Souverain ait droit de connoître des différens survenus entre les Citoyens, & qu'il les décide en dernier ressort ; comme encore d'examiner les accusations intentées contre quelqu'un, pour absoudre ou punir par sa sentence, conformément aux loix : c'est ce qu'on appelle la *Jurisdiction ou le pouvoir judiciaire.* On doit encore rapporter ici le droit de faire grace aux coupables, lorsque quelque raison d'utilité publique le demande.

VI. 4°. D'ailleurs, comme la manière de penser des Citoyens & les opinions reçues peuvent beaucoup influer au bien ou au mal de l'Etat, il faut nécessairement que la Souveraineté renferme le droit d'examiner les Doctrines qui s'enseignent dans l'Etat, afin que l'on n'enseigne publiquement que ce qui est conforme à la vérité, à l'avantage & à la tranquillité de la Société. De là vient que c'est au Souverain à établir les Docteurs publics, les Académies, les Ecoles publiques, & que le souverain pouvoir, en matière de Religion, lui appartient de droit, autant du moins que la nature de la chose peut le permettre. Après avoir assuré le repos public au dedans, il faut mettre l'Etat en sureté à l'égard du dehors, & lui procurer de la part des Etats étrangers tous les sécours & les avantages qui lui sont nécessaires, soit en tems de paix, soit en tems de guerre.

§. VII. 5°. Par conséquent le Souverain doit être revêtu du pouvoir d'assembler & d'armer les Sujets, ou de lever d'autres troupes en aussi grand nombre qu'il est nécessaire pour la sureté & la défense de l'Etat, & de faire ensuite la paix quand il le jugera à propos.

§. VIII. 6°. De là encore le droit de contracter des engagemens publics, de faire des traités & des alliances avec les Etats étrangers, & d'obliger tous les Sujets à les observer.

§. IX. 7°. Mais comme les affaires publiques, tant du dedans que du dehors, ne sçauroient être ménagées ni exécutées par une seule personne, & que le Souverain ne sçauroit pourvoir par lui-même à toutes ces fonctions, il est nécessaire qu'il ait le droit de créer des Ministres, des Magistrats subalternes, qui pourvoient au bien public & qui fassent les affaires en son nom & sous son autorité : le Souverain qui leur a confié ces emplois, peut & doit les contraindre à s'en acquiter, & leur faire rendre un compte exact de leur administration.

§. X. 8°. Enfin les affaires de l'Etat demandent nécessairement des dépenses considérables, & en tems de paix & en tems de guerre, auxquelles le Souverain ne peut ni ne doit fournir lui-même : il faut donc encore accorder au Souverain, le droit de se réserver une partie des biens des Citoyens, ou des revenus du pays, ou d'obliger les Citoyens à contribuer ou de leur bourse ou de leur travail, & de leur service personnel, autant que les nécessités publiques le demandent : c'est ce qu'on appelle le *Droit des Subsides ou des Impôts.*

§. XI. Au reste, on peut rapporter à cette partie de la Souveraineté, le droit de battre monnoie, le droit de chasse & pêche &c. Telles sont les principales parties essentielles de la Souveraineté.

Fin de la première Partie.

PRINCIPES DU DROIT POLITIQUE.

SECONDE PARTIE.

Dans laquelle on explique les différentes formes de Gouvernemens, les manières d'acquerir ou de perdre la Souveraineté, & les devoirs réciproques des Souverains & des Sujets.

CHAPITRE PREMIER.

Des diverses formes du Gouvernement.

§. I. TOus les Peuples ont senti qu'il étoit essentiel à leur sureté & à leur bonheur, d'établir un Gouvernement : ils se sont tous accordés dans ce point, qu'il falloit nécessairement une puissance souveraine, à la volonté de laquelle tout fût soumis en dernier ressort.

§. II. Mais plus l'établissement d'un Souverain est nécessaire, plus aussi le choix en est important. C'est ce qui a fait que sur ce choix les peuples se sont extrêmement divisés, & qu'ils ont confié la souveraine puissance en différentes mains, selon qu'ils on estimé que cela convenoit mieux à leur sureté & à leur bonheur ; & cela encore avec des combinaisons & des modifications qui peuvent beaucoup varier : c'est là l'origine des différentes formes de Gouvernement.

§. III. Il y a donc diverses formes de Gouvernemens, selon les différens sujets dans lesquels la Souveraineté réside immédiatement, & qu'elle appartient ou à une seule personne ou à une seule assemblée, plus ou moins composée : & c'est ce qui fait la constitution de l'Etat.

§. IV. L'on peut réduire toutes ces formes différentes à deux classes générales, sçavoir, aux formes simples & à celles qui sont composées ou mixtes, & qui se produisent du mélange ou de l'assemblage des formes simples.

§. V. Il y à trois formes simples de Gouvernement, la Démocratie, l'Aristocratie & la Monarchie.

§. VI. Quelques Peuples plus défians

que les autres ont placé la souveraine puissance dans la multitude elle-même, c'est-à-dire, dans tous les chefs de famille assemblés & réunis dans un Conseil, & ce sont ces Gouvernemens qu'on appelle populaires ou démocratiques.

§. VII. Les autres plus hardis passant dans l'extrêmité opposée, ont établi la Monarchie ou le Gouvernement d'un homme seul : ainsi la Monarchie est un Etat dans lequel la souveraine puissance & tous les droits qui lui sont essentiels, résident indivisément dans un seul homme appellé Roi, Monarque ou Empereur.

§. VIII. D'autres ont suivi un milieu entre ces deux extrêmités, & ont remis toute l'autorité souveraine à un Conseil composé des principaux citoyens, & c'est le Gouvernement des Principaux, autrement le Gouvernement Aristocratique.

§. IX. Enfin, s'il y a eu d'autres peuples qui se sont persuadés qu'il falloit par un mêlange des formes simples de Gouvernement, établir un Gouvernement mixte ou composé, & en faisant une espéce de partage de la Souveraineté, en confier les différentes parties en différentes mains; tempérer par exemple la Monarchie par

l'Aristocratie,

l'Aristocratie, & donner en même temps au peuple quelque p rt à la Souveraineté : c'est ce qui se peut exé uter en différentes manières.

§. X. Pour connoître plus particulièrement la natu e de c s différentes formes de Gouvernement, il faut remarquer, que comme dans les Démocraties le Souverain est une personne morale, composée & formée par la réunion de tous les chefs de famille en une seule volonté, il y a trois choses absolument nécessaires pour sa constitution.

1°. Qu'il y ait un certain lieu & de certains temps réglés pour délibérer en commun des affaires publiques; sans cela les membres du Conseil souverain pourroient s'assembler en divers temps ou en di ers lieux, d'où il naîtroit des factions qui romproient l'unité essentielle de l'Etat.

2°. Il faut établir pour régle, que la pluralité des suffrages passera pour la volonté de tous; autrement on ne sçauroit terminer aucune affaire, étant impossible qu'un grand nombre de gens se trouvent toujours de même avis. Il faut donc regarder comme une qualité essentielle d'un corps moral, que le sentiment du plus grand nombre de ceux qui le composent passe pour la volonté de tout le corps.

3°. Enfin il est essentiel à l'établissement d'une Démocratie, que l'on établisse des Magistrats, qui soient chargés de convoquer l'assemblée du peuple dans les cas extraordinaires, d'expédier en son nom les affaires ordinaires, & de faire exécuter les décrets de l'assemblée souveraine ; car puisque le Conseil souverain ne peut pas toujours être sur pied, il est bien évident qu'il ne sçauroit pourvoir à tout par lui-même.

§. XI. Pour ce qui regarde les Aristocraties, puisque la Souveraineté réside dans un Conseil ou un Sénat composé des principaux de la Nation, il faut nécessairement que les mêmes conditions qui sont essentielles à la constitution de la Démocratie & dont nous venons de parler, concourent aussi pour établir une Aristocratie.

§. XII. D'ailleurs l'Aristocratie peut être de deux sortes, ou de naissance & héréditaire, ou élective. L'Aristocratie de naissance & héréditaire, est celle qui est renfermée dans un certain nombre de familles à laquelle la seule naissance donne droit, & qui passe des pères aux enfans ſans aucun choix, & à l'excluſion de tous les autres : l'Ariſtocratie élective eſt au contraire celle dans laquelle on ne parvient au Gouvernement que par une élection, & ſans que la naiſſance ſeule donne aucun droit.

§. XIII. Enfin une remarque qui s'applique également aux Démocraties & aux Ariſtocraties, c'eſt que dans un Etat populaire ou dans un Gouvernement des principaux, chaque citoyen ou chaque membre du Conſeil ſuprême n'a pas le pouvoir ſouverain, ni même une partie ; mais ce pouvoir réſide, ou dans l'aſſemblée générale du peuple convoqué ſelon les loix, ou dans le conſeil les principaux : car autre choſe eſt d'avoir une partie de la Souveraineté, & autre d'avoir le droit de ſuffrage dans une aſſemblée revêtue du pouvoir ſouverain.

§. XIV. Pour ce qui eſt de la Monarchie elle s'établit lorſque le corps entier du peuple confére l'autorité ſouveraine à un ſeul homme : ce qui ſe fait par une convention entre le Roi & ſes Sujets, comme nous l'avons expliqué ci-devant.

§. XV. Il y a donc cette différence eſſentielle entre la Monarchie & les deux autres formes de Gouvernement ; c'est que dans les Démocraties & dans les Aristocraties, l'exercice actuel de l'autorité souveraine, les ordonnances & les délibérations dépendent du concours de certaines circonstances, de certains temps & de certains lieux : au lieu que dans une Monarchie, du moins lorsqu'elle est simple & absolue, le Souverain peut donner ses ordres en tout temps & en tout lieu : *Rome est par tout où se trouve l'Empereur.*

§. XVI. Une autre remarque qui trouve naturellement sa place ici, c'est que dans une Monarchie, lorsque le Roi ordonne quelque chose de contraire à la justice & à l'équité, il péche certainement ; parce qu'en lui la volonté civile & la volonté physique ne sont qu'une même chose. Mais lorsque l'assemblée du peuple ou un Sénat prend quelque résolution injuste, il n'y a que ceux d'entre les Citoyens ou les Sénateurs dont l'avis l'a emporté, qui se rendent véritablement coupables, & non point ceux qui ont été d'un avis opposé. Voilà pour les formes simples de Gouvernement.

§. XVII. A l'égard des Gouvernemens mixtes ou composés, ils s'établissent, comme nous l'avons dit, par le concours des trois formes simples, ou de deux seulement; lors, par exemple, que le Roi, les principaux & le peuple, ou seulement les deux derniers partagent entr'eux les différentes parties de la Souveraineté, ensorte que les uns administrent quelques parties, & les autres d'autres: cette combinaison peut se faire en plusieurs manières, comme on le voit dans la plûpart des Républiques.

§. XVIII. Il est vrai qu'à considérer la Souveraineté en elle-même, & dans le point de plénitude & de perfection, tous les droits qu'elle renferme, doivent originairement appartenir à une seule & même personne, ou à un seul & même corps sans division ni partage, tellement qu'il n'y ait qu'une seule volonté suprême qui gouverne l'Etat. Il ne sçauroit, à proprement parler, y avoir plusieurs Souverains dans un Etat; ensorte qu'ils puissent agir comme il leur plaît indépendamment l'un de l'autre, & même d'une manière opposée. Cela est moralement impossible, & tendroit manifestement à la mort & à la ruine de la Société.

§. XIX. Mais cette unité de la puissance suprême n'empêche pas que le corps entier de la Nation, en qui cette puissance suprême réside originairement, ne puisse par la loi fondamentale régler le Gouvernement, de manière qu'elle commette l'exercice des différentes parties du pouvoir souverain à différentes personnes ou à différens corps, qui pourront agir chacun indépendamment les uns des autres, dans l'étendue des droits qui leur sont confiés, mais toujours d'une manière subordonnée aux loix dont ils les tiennent.

§. XX. Et pourvu que les loix fondamentales qui établissent cette espéce de partage de la Souveraineté, réglent si bien les limites respectives du pouvoir de ceux à qui elles les confient, que l'on voie aisément l'étendue de la Jurisdiction de chacune de ces puissances collatérales; ce partage ne produit ni pluralité de Souverains, ni opposition entr'eux, ni aucune irrégularité dans le Gouvernement.

§. XXI. En effet, il n'y a jamais ici, à proprement parler, qu'un seul Souverain qui ait en lui-même la plénitude de la Souveraineté; il n'y a qu'une volonté suprême. Ce Souverain, c'est le corps même de tous les citoyens, formé par la réunion de tous les ordres de l'Etat; & cette volonté suprême, c'est la loi elle-même par laquelle le corps entier de la Nation fait connoître sa volonté.

§. XXII. Ceux qui partagent entr'eux ainsi la Souveraineté, ne sont donc, à bien dire, que les exécuteurs de la loi, puisque c'est de la loi même qu'ils tiennent leur pouvoir. Et comme les loix fondamentales sont de véritables conventions, *Pacta conventa*, entre les différens ordres de la République (1), par lesquelles ils stipulent les uns des autres, que chacun d'eux aura telle ou telle part à la Souveraineté, & que cela établira la forme du Gouvernement; il est évident que chacune des parties contractantes acquiert ainsi un droit primitif d'exercer le pouvoir qui lui est accordé, & de se le retenir.

§. XXIII. Elle ne sçauroit même en être dépouillée malgré elle, & par la seule volonté des autres, aussi long-tems du moins qu'elle n'en fait usage que d'une manière conforme aux loix, ou qui n'est pas manifestement ou totalement opposée au bien public.

(1) *Voyez ci-dessus, Part. I. Chap. VII. N. 34 & suiv.*

§. XXIV. En un mot, la constitution de ces Gouvernemens ne peut être changée, que de la même manière & par la même méthode par laquelle on l'établit, c'est-à-dire, par le concours unanime de toutes les parties contractantes; qui ont fixé la forme du Gouvernement par le contrat primitif d'association.

§. XXV. Cette œconomie du Gouvernement, cette constitution de l'Etat ne détruit donc nullement l'unité, qui convient à un corps moral composé de plusieurs personnes, ou de plusieurs corps réellement distincts & séparés; mais joints ensemble par un engagement réciproque, par une loi fondamentale qui n'en fait qu'un seul tout.

§. XXVI. Il résulte de ce que l'on vient de dire sur la nature des Gouvernemens mixtes ou composés, que dans tous ces Gouvernemens la Souveraineté y est toujours limitée: car comme toutes ces différentes branches ne sont pas confiées à une seule personne, mais qu'elles sont remises en différentes mains, le pouvoir de ceux qui ont part au Gouvernement se trouve restreint par cela même, & la puissance de l'un tient la puissance de l'autre en respect;

ce qui produit un balancement de pouvoir & d'autorité, qui assure le bien public & la liberté des particuliers.

§. XXVII. Mais à l'égard des Gouvernemens simples, la Souveraineté peut y être ou absolue ou limitée. Ceux qui ont en main la Souveraineté l'exercent quelquefois d'une manière absolue, & quelquefois d'une manière limitée par des loix fondamentales, qui mettent des bornes à la puissance du Souverain, par rapport à la manière dont il doit gouverner.

§. XXVIII. Sur quoi il est à propos de remarquer, que toutes les circonstances accidentelles qui peuvent modifier les Monarchies ou les Aristocraties simples, & qui limitent en quelque sorte la Souveraineté, ne changent pas pour cela la forme du Gouvernement qui demeure toujours le même : un Gouvernement peut tenir quelque chose d'un autre, lorsque la manière dont le Souverain gouverne, semble être empruntée de la forme du dernier, mais il ne change pas de nature pour cela.

§. XXIX. Par exemple, dans un Etat Démocratique, le peuple peut charger du soin de plusieurs affaires ou un Chef ou un Sénat. Dans un Etat Aristocratique, il peut y avoir un principal Magistrat revêtu d'une autorité particulière, ou même une assemblée du peuple que l'on consulte quelquefois. Ou enfin, dans un Etat Monarchique, les affaires importantes peuvent être proposées dans un Sénat, &c. Mais toutes ces circonstances accidentelles ne changent rien à la forme du Gouvernement; il n'y a pas pour cela un pattage de la Souveraineté, & l'Etat demeure toujours ou purement Démocratique, ou Aristocratique, ou Monarchique.

§. XXX. En effet, il y a une grande différence, entre exercer un pouvoir propre, & à agir par un pouvoir étranger & précaire, dont on peut être dépouillé toutes les fois qu'il plaira à celui de qui on le tient: ainsi ce qui fait le caractère essentiel des Républiques mixtes ou composées, & qui les distingue des Gouvernemens simples, c'est que les différens ordres de l'Etat qui ont part à la Souveraineté, possédent les droits qu'ils exercent par un titre égal, c'est-à-dire, en vertu de la loi fondamentale, & non pas à titre de simple commission, comme si l'un n'étoit que le ministre ou l'exécuteur de la volonté de l'autre. Il faut donc bien distinguer cès deux choses, la forme du Gouvernement & la manière de gouverner.

§. XXXI. Telles sont les principales remarques qui se présentent sur les diverses formes de Gouvernement. PUFFENDORF explique la chose d'une manière un peu différente : il appelle irréguliers les Gouvernemens que nous avons appellés mixtes, & réguliers les Gouvernemens simples (2).

§. XXXII. Mais cette régularité n'est qu'une régularité en idée : la véritable régle de pratique doit être celle qui est la plus conforme au but des Sociétés civiles, en supposant les hommes tels qu'ils sont ordinairement & le train commun des affaires du monde, selon l'expérience de tous les lieux & de tous les siécles : or bien loin que sur ce pied-là les Etats où tout dépend le plus d'une seule volonté soient les plus heureux, on peut assurer que ce sont ceux dont les sujets ont lieu le plus souvent de regretter la perte de leur indépendance naturelle.

§. XXXIII. Au reste, il en est du corps politique comme du corps humain : on

(2) Voyez *D. de la Nat. & des G. Liv. 7. Chap. 5.*

distingue un Etat sain & bien constitué, d'un Etat malade.

§. XXXIV. Ces maladies viennent ou de l'abus du pouvoir souverain ou de la mauvaise constitution de l'Etat, & il faut en chercher la cause dans les défauts de ceux qui gouvernent, ou dans les défauts du Gouvernement.

§. XXXV. Dans les Monarchies ce sont les défauts de la personne, quand le Roi n'a pas les qualités nécessaires pour régner, qu'il n'a que peu ou point à cœur le bien public, & qu'il livre ses sujets en proie à l'avarice ou à l'ambition de ses Ministres, &c.

§. XXXVI. A l'égard des Aristocraties, ce sont des défauts des personnes, lorsque la brigue & les autres voies obliques donnent entrée dans le Conseil à des scélérats ou à des gens incapables, à l'exclusion des personnes de mérite; lorsqu'il se forme des factions & des cabales; lorsque les Grands traitent le peuple en esclave, &c.

§. XXXVII. Enfin l'on voit aussi quelquefois dans les Démocraties, des brouillons troubler les assemblées, l'envie opprimer le mérite, &c.

§. XXXVIII. Pour les défauts du Gouvernement, il peut y en avoir de plusieurs sortes. Par exemple, si les loix de l'Etat ne sont pas conformes au naturel du Peuple; comme si elles tendoient à tourner du côté des armes un Peuple qui n'est point belliqueux, mais qui est propre aux arts de la paix; si ces loix ne sont pas conformes à la situation & aux qualités du pays : on fait mal, par exemple, de ne pas favoriser le commerce & les manufactures dans un pays bien situé pour cela, & qui produit ce qui est nécessaire; si la constitution de l'Etat rend l'expédition des affaires fort lente ou fort difficile, comme en Pologne, où l'opposition d'un seul des membres de l'assemblée rompt la Diette.

§. XXXIX. On désigne ordinairement ces défauts dans le Gouvernement par des noms particuliers. La corruption de la Monarchie s'appelle Tyrannie; Oligarchie, c'est l'abus de l'Aristocratie; & l'abus des Démocraties se nomme Ochlocratie. Mais il arrive souvent que ces mots dans l'application qu'on en fait, marquent moins un véritable défaut ou une maladie dans l'Etat, que quelque passion ou quelque mécontentement particulier dans ceux qui les emploient.

§. XL. Il ne nous reste pour finir ce chapitre qu'à dire quelque chose de ces Etats composés qui se forment par l'union de plusieurs Etats particuliers : on peut les définir un assemblage d'Etats parfaits, étroitement unis par quelque lien particulier, ensorte qu'ils semblent ne faire qu'un seul corps, par rapport aux choses qui les intéressent en commun, quoique chacun d'eux conserve d'ailleurs la Souveraineté pleine & entière, indépendamment des autres.

§. XLI. Cet assemblage d'Etats se forme, ou par l'union de deux ou de plusieurs Etats distincts sous un seul & même Roi ; comme étoient, par exemple, l'Angleterre, l'Ecosse & l'Irlande, avant l'union qui s'est faite de nos jours de l'Ecosse avec l'Angleterre ; ou bien lorsque plusieurs Etats indépendans se confédérent pour ne former ensemble qu'un seul corps : telles sont les Provinces-Unies des Pays-bas, les Cantons Suisses.

§. XLII. La première sorte d'union peut se faire ou à l'occasion d'un mariage, ou en vertu d'une succession, ou lorsqu'un Peuple se choisit pour Roi un Prince qui étoit déja Souverain d'un autre Royaume ; ensorte que ces différens Etats viennent à être réunis sous un Prince qui les gouverne chacun en particulier par ses loix fondamentales.

§. XLIII. Pour les Etats composés qui se forment par la confédération perpétuelle de plusieurs Etats, il faut remarquer que cette confédération est le seul moyen par lequel plusieurs petits Etats, trop foibles pour se maintenir chacun en particulier contre leurs ennemis, puissent conserver leur liberté.

§. XLIV. Ces Etats confédérés s'engagent les uns envers les autres à n'exercer que d'un commun accord certaines parties de la Souveraineté, sur tout celles qui concernent leur défense mutuelle contre les ennemis du dehors. Mais chacun des confédérés retient une entière liberté d'exercer comme il le juge à propos, les parties de la Souveraineté dont il n'est pas fait mention dans l'acte de confédération, comme devant être exercées en commun.

§. XLV. Enfin il est absolument nécessaire dans les Etats confédérés, que l'on marque certains tems & certains lieux pour s'assembler ordinairement, & que l'on nomme quelque membre, qui ait pouvoir de convoquer l'assemblée pour les affaires extraordinaires & qui ne peuvent souffrir de retardement ; ou bien l'on peut en prenant un autre parti, établir une assemblée qui soit toujours sur pied, composée des députés de chaque Etat, & qui expédient les affaires communes suivant les ordres de leurs supérieurs.

CHAPITRE II.

Essai sur cette Question : Quelle est la meilleure forme de Gouvernement ?

§. I. C'Est sans contredit une des plus belles Questions de la politique, & qui partage le plus les esprits, que de déterminer, *Quelle est la meilleure forme de Gouvernement.*

§. II. Chaque forme de Gouvernement a ses avantages & ses inconveniens qui en sont inséparables. Ce seroit en vain qu'on chercheroit un gouvernement parfait de tout point : & quelque parfait qu'il paroisse dans la spéculation, il est certain que dans la pratique, & entre les mains des

des hommes, il sera toujours accompagné de quelque défaut, aussi long-tems que ce seront des hommes qui gouverneront des hommes.

§. III. Mais si on ne peut parvenir ici à la précision que la perfection demande, il est pourtant vrai qu'il y a du plus ou du moins, qu'il y a différens degrés entre lesquels la prudence peut se déterminer. Ce Gouvernement doit passer pour le plus parfait, qui parvient le mieux à sa fin, & qui renferme le moins d'inconvéniens. Quoi qu'il en soit, l'examen de cette Question fournit des leçons très-utiles aux Peuples & aux Souverains.

§. IV. Il y long-tems que l'on dispute là-dessus. Rien n'est plus intéressant sur cette matière, que ce que nous lisons dans le père de l'Histoire, HERODOTE : il nous raconte ce qui se passa dans le Conseil des sept Grands de la Perse, quand il s'agissoit de rétablir le Gouvernement, après la mort de *Cambyse*, & la punition du Mage qui avoit usurpé le Trône, sous prétexte d'être Smerdis, fils de Cyrus.

§. V. OTANES opina qu'on fit une République de la Perse, & parla à peu près en ces termes : » Je ne suis pas d'avis

» qu'on mette le Gouvernement entre les » mains d'un seul ; vous sçavez jusqu'à » quel excès *Cambyse* s'est porté ; & jus- » qu'à quel point d'insolence nous avons » vu passer le Mage. Comment l'Etat peut- » il bien être gouverné dans une Monar- » chie, où il est permis à un seul de faire » tout à sa fantaisie ? Une autorité sans » frein corrompt l'homme le plus vertueux, » & le dépouille de ses meilleures quali- » tés. L'envie & l'insolence naissent des » biens & des prospérités présentes, & » tous les autres vices découlent de ces » deux-là, quand on est maître de tou- » tes choses. Les Rois haïssent les gens » de bien qui s'opposent à leurs desseins » injustes, & ils caressent les méchans » qui les favorisent. Un seul homme ne » peut pas tout voir par ses propres yeux : » il écoute souvent les mauvais rapports » & les fausses accusations ; il renverse les » loix & les coutumes du pays, il attaque » l'honneur des femmes, il fait mourir » les innocens par son caprice & par sa » puissance. Quand la multitude a le Gou- » vernement en main, l'égalité qu'il y a » parmi les Citoyens empêche tous ces » maux. Les Magistrats y sont élus par le

» fort, ils y rendent compte de leur ad-
» ministration, & y prennent en commun
» toutes les résolutions. Je crois donc que
» nous devons rejetter la Monarchie, &
» introduire le Gouvernement populaire,
» parce qu'on trouve plutôt toutes ces cho-
» ses en plusieurs qu'en un seul. » Ce fut
là le sentiment d'OTANES.

§. VI. Mais MEGABYSE parla pour l'Aristocratie. „ J'approuve, *dit-il*, le
„ sentiment d'OTANES d'exterminer la Mo-
» narchie, mais je crois qu'il n'a pas pris
» le bon chemin, quand il a voulu nous
» persuader de remettre le Gouvernement
» à la discrétion de la Multitude; car
» il est certain qu'on ne peut rien imagi-
» ner de moins sage & de plus insolent
» que la Populace. Pourquoi se retirer de
» la puissance d'un seul; pour s'abandon-
» ner à la tyrannie de la multitude aveu-
» gle & déréglée? Si un Roi fait quel-
» que entreprise, il est du moins en état
» d'écouter les autres; mais le Peuple
» est un monstre aveugle, qui n'a ni raison
» ni capacité; il ne connoît ni la bienséan-
» ce, ni la vertu, ni ses propres intérêts; il
» fait toutes choses avec précipitation, sans
» jugement & sans ordre, & ressemble

» à un torrent qui marche avec rapidité, » & à qui on ne peut donner des bornes. » Si on souhaite donc la ruine des Perses, » qu'on établisse parmi eux le Gouvernement populaire : pour moi, je suis d'avis qu'on fasse choix de quelques gens » de bien, & qu'on mette entre leurs mains » le gouvernement & la puissance. » Tel étoit le sentiment de MEGABYSE.

§. VII. Après lui, DARIUS parla en ces termes : » Il me semble qu'il y a beaucoup de justice dans le discours qu'a » fait *Megabyse* contre l'Etat populaire, » mais il me semble aussi que toute la » raison n'est pas de son côté, quand il » préfére le gouvernement d'un petit nombre à la Monarchie : il est constant qu'on » ne peut rien imaginer de meilleur & de » plus parfait que le gouvernement d'un » homme de bien. De plus, quand un » seul est le maître, il est plus difficile » que les ennemis découvrent les conseils » & les entréprises secrettes. Quand le » gouvernement est entre les mains de plusieurs, il est impossible d'empêcher que » la haine & l'inimitié ne prennent naissance parmi eux ; car comme chacun » veut que son opinion soit suivie, ils de-

» viennent peu à peu ennemis. L'émula-
» tion & la jalousie les divisent ; ensuite
» leurs haines se portent jusqu'à l'excès :
» de là naissent les séditions, des séditions
» les meurtres, & enfin des meurtres &
» du sang on voit naistre insensiblement
» un Monarque. Ainsi le Gouvernement
» tombe toujours dans les mains d'un seul.
» Dans l'Etat populaire il est impossible
» qu'il n'y ait beaucoup de corruption &
» de malice : il est vrai que l'égalité n'en-
» gendre aucune haine, mais elle fomente
» l'amitié entre les méchans, qui se sou-
» tiennent les uns les autres, jusqu'à ce
» que quelqu'un qui se sera rendu agréa-
» ble au Peuple, & qui aura acquis de
» l'autorité sur la multitude, découvre leurs
» trames & fasse voir leur perfidie : alors
» cet homme se montre véritablement
» Monarque, & de là on peut reconnoî-
» tre que la Monarchie est le Gouverne-
» ment le plus naturel ; puisque les sédi-
» tions de l'Aristocratie & les corruptions
» de la Démocratie nous font revenir
» également à l'unité d'une Puissance su-
» prême.

L'opinion de DARIUS fut approuvée, & le Gouvernement de la Perse demeura

Monarchique. Nous avons cru ce morceau d'Histoire assez intéressant pour le rapporter ici.

§. VIII. Pour se déterminer surement sur cette question, il faut reprendre la chose dès les principes. La liberté, & sous ce mot il faut entendre tous les biens les plus précieux; la liberté, dis-je, a deux écueils à craindre dans la Société civile; le premier, la licence, le désordre, la confusion; le second, l'oppression qui vient de la tyrannie.

§. IX. Le premier de ces maux vient de la liberté même, lorsqu'elle n'est pas tenue en régle.

Le second, du remède que les hommes ont imaginé contre ce premier mal, je veux dire, de la Souveraineté.

§. X. Le comble du bonheur & de la prudence humaine, c'est de sçavoir se garantir de ces deux écueils. Le seul moyen de s'en mettre à couvert, c'est une Souveraineté bien entendue, un Gouvernement formé avec de telles précautions, qu'en bannissant la licence, il n'amène point la tyrannie.

§. XI. C'est donc dans cet heureux tempérament qu'il faut prendre l'idée générale d'un bon Gouvernement ; il est visible que celui qui fuit les extrémités est tellement propre à pourvoir au bon ordre & au besoin du dedans & du dehors, qu'il laisse en même tems au Peuple des suretés suffisantes qu'on ne s'écartera jamais de cette fin.

§. XII. Mais quel est donc entre tous les Gouvernemens celui qui approche le plus de cette perfection ? Avant que de répondre à cette question, il est à propos de remarquer, qu'elle est fort différente de celle par laquelle on demanderoit, quel est le Gouvernement le plus légitime ?

§. XIII. Sur cette derniere question, il faut dire que les Gouvernemens, de quelque espèce qu'ils soient, qui ont pour fondement un acquiescement libre des Peuples ou exprès ou justifié par une longue & paisible possession, sont tous également légitimes, aussi long-tems du moins que par l'intention du Souverain, ils tendent à faire le bonheur des Peuples. Aussi il n'y a d'autre cause qui puisse dégrader un Gouvernement, qu'une violence ouverte & actuelle, soit dans son établissement, soit dans son exercice, je veux dire l'usurpation, ou la tyrannie.

§. XIV. Pour revenir à notre question principale, je dis que le meilleur Gouvernement n'est ni une Monarchie absolue, ni un Gouvernement pleinement populaire. Le premier est trop fort, il prend trop sur la liberté & penche trop à la tyrannie; le second est trop foible, il livre trop les Peuples à eux-mêmes, & il va à la confusion & à la licence.

§. XV. Il seroit à souhaiter pour la gloire des Souverains & pour le bonheur des Peuples que l'on pût contester le fait à l'égard des Gouvernemens absolus. J'ose le dire, rien n'approche d'un Gouvernement absolu entre les mains d'un Prince sage & vertueux: l'ordre, la diligence, le secret, la promptitude dans l'exécution, la subordination, les objets les plus grands, les exécutions les plus heureuses en sont les effets assurés: les dignités, les honneurs, les récompenses & les peines, tout s'y dispense avec justice & avec discernement: un si beau régne est le siécle d'or.

§. XVI. Mais aussi pour régner de la sorte, il faut un génie supérieur, une vertu parfaite, beaucoup d'expérience & une application sans relâche. L'homme dans une si haute élévation est rarement capable de tant de choses : la multitude des objets le dissipe, l'orgueil le séduit, la volupté le tente, & la flaterie qui est la peste des Grands, lui fait encore plus de mal que tout le reste ; il est difficile de résister à tant de piéges. Ce qui arrive pour l'ordinaire, c'est qu'un Prince maître de tout, se laisse aisément emporter à ses passions, & par conséquent à rendre ses Sujets malheureux.

§. XVII. De là vient le dégoût des Peuples pour les Gouvernemens absolus, & ce dégoût va quelquefois jusqu'à l'aversion & à la haine. C'est aussi ce qui a donné lieu aux Politiques de faire ces réflexions importantes.

La première, qu'il étoit rare de voir dans un Gouvernement absolu les Peuples s'intéresser à sa conservation : accablés par le faix qu'ils portent, il est naturel qu'ils soupirent après une révolution qui ne sçauroit empirer leur état.

La seconde, qu'il est de l'intérêt des Princes d'intéresser les Peuples au maintien de leur Gouvernement, & pour cela de leur en faire part par des priviléges qui leur assurent leur liberté. Rien au monde n'est plus propre à faire la sureté des Princes au dedans, leur puissance au dehors, & leur gloire à tous égards.

§. XVIII. On a dit du peuple Romain, que tant qu'il a combattu pour ses propres intérêts, il a été invincible; mais dès qu'il fut devenu esclave sous des maîtres absolus, il devint lâche & sans courage, il ne demanda plus que du pain & des spectacles : *Panem & Circenses.*

§. XIX. Au contraire, dans les Etats où les Peuples ont quelque part au Gouvernement, tous les particuliers s'intéressent au bien public, parce que chacun selon sa qualité & son mérite participe aux avantages des bons succès, ou se ressent des pertes. C'est là ce qui rend les hommes habiles & généreux : c'est ce qui leur inspire un amour ardent pour la patrie, un courage invincible & à l'épreuve des plus grands revers.

§. XX. Lorsqu'ANNIBAL eut gagné quatre batailles sur les Romains, & qu'il leur eut tué plus de deux cens mille hommes, lorsqu'à peu près dans le même tems les deux braves SCIPIONS eurent été taillés en piéces en Espagne, outre plusieurs pertes considérables sur mer & dans la Sicile : qui est-ce qui auroit pu penser que Rome esût encore pû résister à ses ennemis ? Cependant la vertu de ses Citoyens, l'amour qu'ils portoient à leur patrie, l'intérêt qu'ils prenoient au Gouvernement, augmentèrent les forces de cette République au milieu de ses calamités, & enfin elle surmonta tout. On trouve chez les Lacédémoniens & les Athéniens plusieurs exemples qui justifient la même vérité.

§. XXI. Tous ces avantages ne se trouvent point dans les Gouvernemens absolus. On peut avancer sans indiscretion, que c'est un défaut essentiel de ces Gouvernemens, de ne pas intéresser les Peuples à leur conservation, & que d'ailleurs ils sont trop forts, qu'ils tendent trop à la violence, & pas assez au bien des sujets.

§. XXII. Tels sont les Gouvernemens absolus. Les populaires ne valent pas mieux, & on peut dire qu'ils n'ont rien de bon que la liberté qu'ils laissent aux peuples d'en choisir un meilleur.

§. XXIII. Les Gouvernemens absolus ont du moins deux avantages. Le premier, qu'ils ont de tems en tems de bons intervalles, lorsqu'ils se trouvent entre les mains d'un bon Prince. Le second, c'est qu'ils ont plus de force, plus d'activité, plus de promptitude dans l'exécution.

§. XXIV. Mais le Gouvernement populaire n'en a aucun : formé par la multitude, il en prend tous les caractères. La multitude est un mêlange de toutes sortes de gens, un petit nombre d'habiles, assez qui ont du bon sens & de bonnes intentions ; un beaucoup plus grand nombre sur qui on ne sçauroit compter, qui n'ont rien à perdre ; & à qui par conséquent il n'est pas sûr de se confier. D'ailleurs, la multitude produit toujours la lenteur & le désordre : le secret & la prévoyance sont des avantages qui lui sont inconnus.

§. XXV. Ce n'est pas la liberté qui manque dans les Etats populaires, il n'y en a que trop, elle y dégénère en licence : de là vient qu'ils sont toujours foibles & chancelans ; les émotions du dedans, ou les attaques du dehors, les jettent souvent dans la consternation. C'est leur sort ordinaire d'être la proie de l'ambition de quelques Citoyens, ou de celle des Etrangers ; & de passer ainsi de la plus grande liberté dans la plus grande servitude.

§. XXVI. C'est ce que l'expérience a justifié chez cent Peuples différens. Aujourd'hui même la Pologne est un exemple parlant des défauts du Gouvernement populaire, de l'Anarchie & des désordres qui y régnent : elle est le jouet de ses Citoyens & des Etrangers, & très-souvent un champ de carnage, parce que sous l'apparence d'une Monarchie, c'est en effet un Gouvernement beaucoup trop populaire.

§. XXVII. Il ne faut que lire les histoires de Florence & de Gênes, pour y voir un tableau au vif des malheurs que les Républiques éprouvent de la part de la multitude lorsqu'elle veut gouverner. Les Républiques anciennes, Athènes en particulier, la plus considérable de celles de la Grèce, mettent cette vérité dans le plus grand jour.

§. XXVIII. Rome enfin a péri par les mains du Peuple. La Royauté lui avoit donné la naissance : les Patriciens qui composoient le Sénat, en l'affranchissant de la Royauté, l'avoient rendue maîtresse de l'Italie : le Peuple arracha peu à peu par le moyen des Tribuns, toute l'autorité du Sénat. Dès-lors on vit la discipline se relâcher, & faire place à la licence : enfin cette République fut conduite insensiblement par les mains mêmes du Peuple à la plus basse servitude.

§. XXIX. On ne sçauroit donc douter

après tant d'expériences, que le Gouvernement populaire ne soit le plus foible & le plus mauvais des Gouvernemens. Certainement si l'on considère quelle est l'éducation du commun Peuple, son assujettissement au travail, son ignorance & sa grossiéreté, l'on reconnoîtra sans peine qu'il est fait pour être gouverné, & nullement pour gouverner les autres; que le bon ordre & son propre avantage lui défendent de se charger de ce soin.

§. XXX. Si donc le Gouvernement de la multitude, non plus que le Gouvernement absolu d'un seul, n'est point propre à faire le bonheur d'un peuple, il s'ensuit que les meilleurs Gouvernemens sont ceux qui sont tellement tempérés, qu'en s'éloignant également de la tyrannie & de la licence, ils procurent aux sujets un bonheur assuré.

§. XXXI. Il y a en général deux voies pour trouver ce tempérament.

La première consiste à mettre la Souveraineté dans un Conseil tellement composé, & par le nombre & par le choix des personnes, que l'on puisse moralement s'assurer qu'il n'aura d'autres intérêts que ceux de la Société, & qu'il lui en rendra toujours un bon compte : c'est ce que l'on voit heureusement pratiqué dans la plûpart des Républiques.

§. XXXII. La seconde, c'est de limiter par des loix fondamentales la Souveraineté du Prince dans les Etats monarchiques, ou de ne donner à la personne qui jouit des honneurs & du titre de la Souveraineté, qu'une partie de l'autorité souveraine, & de mettre l'autre dans des mains séparées ; par exemple, dans un Conseil, dans un Parlement : c'est ce qui produit les Monarchies limitées (1).

§. XXXIII. A l'égard des Monarchies, il convient, par exemple, que le pouvoir militaire, le pouvoir législatif & le pouvoir de lever des subsides, soient remis en différentes mains, afin qu'on ne puisse pas en abuser facilement. On comprend bien que ces modifications peuvent se faire en différentes manières. La régle générale que la prudence veut que l'on suive, c'est de limiter assez le pouvoir du Prince pour qu'on n'en ait rien à craindre ; mais en même temps de ne pas aller à l'excès, de

(1) *Voyez ci-dessus, Part. I, Chap. VIII, §. 26 & suivant.*

peur d'affoiblir & d'énerver tout-à-fait le Gouvernement.

§. XXXIV. En suivant ce juste milieu, les peuples jouiront de la plus parfaite liberté, puisqu'ils ont toutes les suretés morales, que le Prince n'abusera pas de son pouvoir. Le Prince, d'un autre côté, étant pour ainsi dire, dans la nécessité de faire son devoir, affermit considérablement son autorité, & jouit du plus grand bonheur & de la plus solide gloire : car comme la félicité des peuples est la fin du Gouvernement, elle est aussi le fondement le plus assuré du Thrône. *Voyez ci-dessus.*

§. XXXV. Cette espéce de Monarchie limitée de Gouvernement mixte, réunit les principaux avantages de la Monarchie absolue, des Gouvernemens aristocratique & populaire; & il en écarte en même temps les dangers & les inconvéniens qui leur sont particuliers. C'est donc là cet heureux tempérament que nous cherchions.

§. XXXVI. C'est aussi ce que l'expérience de tous les tems a toujours justifié. Tel étoit le Gouvernement de Sparte. LIGURGUE sçachant que les trois sortes de Gouvernemens simples avoient chacun de très-grands

grands inconveniens; que la Royauté dégéneroit aisément en pouvoir arbitraire & tyrannique; que l'Aristocratie dégéneroit en un Gouvernement injuste de quelques particuliers, & la Démocratie en une domination aveugle & sans régle; LICURGUE, dis-je, crut devoir faire entrer ces trois sortes de Gouvernemens dans celui de Sparte, & comme les fondre en un seul, ensorte qu'ils se servissent l'un à l'autre de remède & de contre-poids. Ce sage législateur ne se trompa point, & nulle République n'a conservé si long-temps ses loix, ses usages & sa liberté, que celle de Sparte.

§. XXXVII. On peut dire que le Gouvernement des Romains sous la République, réunissoit en quelque sorte, comme celui de Sparte, les trois espéces d'autorité. Les Consuls tenoient la place des Rois, le Sénat formoit le Conseil public, & le peuple avoit aussi quelque part à l'administration des affaires.

§. XXXVIII. Si l'on veut des exemples plus modernes, l'Angleterre n'est-elle pas aujourd'hui une preuve sensible de la bonté des Gouvernemens mixtes, des Monarchies tempérées? Y a-t-il une Nation, toutes proportions gardées, qui jouisse au dedans d'une plus grande prospérité & d'une plus grande considération au dehors?

§. XXXIX. Les Nations du Nord qui s'emparèrent de l'Empire Romain, avoient porté dans les pays où elles s'établirent cette espéce de Gouvernement, qui pour cela fut appellé *Gothique*. Elles avoient des Rois, des Seigneurs, des Communes; & l'expérience nous montre que les Etats qui ont retenu cette espéce de Gouvernement, s'en sont beaucoup mieux trouvés que ceux qui ont tout réduit au Gouvernement absolu d'un seul.

§. XL. Pour les Gouvernemens Aristocratiques, il faut d'abord distinguer l'Aristocratie de naissance & l'élective. L'Aristocratie de naissance a plusieurs avantages, mais elle a aussi de grands inconvéniens: elle inspire de l'orgueil à la Noblesse qui gouverne, & elle entretient entre les Grands & le Peuple une séparation, un mépris & une jalousie qui cause de grands maux.

§. XLI. Mais l'Aristocratie élective a tous les avantages de la première, sans en avoir les défauts: comme il n'y a nul privilége d'exclusion, & que la porte des emplois est ouverte à tous les citoyens, on n'y voit ni orgueil ni séparation : il y a au contraire une émulation générale entre tous les citoyens, qui tourne toute au bien public, & qui contribue infiniment à conserver la liberté.

§. XLII. Ainsi, si l'on suppose que dans une Aristocratie élective la Souveraineté soit entre les mains d'un Conseil assez nombreux pour renfermer dans son sein les intérêts les plus importans de la Nation, & pour n'en avoir jamais d'opposés : si d'ailleurs ce Conseil est assez petit pour y maintenir l'ordre, le concert & le secret, qu'il soit choisi d'entre les plus sages & les plus vertueux des citoyens, & enfin que l'autorité de ce Conseil soit limitée & tenue en régle, en réservant au Peuple quelque portion de la Souveraineté ; on ne sçauroit douter qu'un tel Gouvernement ne soit très-propre par lui-même à faire le bonheur d'une Nation.

§. XLIII. Ce qu'il y a de plus délicat dans ces Gouvernemens, c'est de les tempérer de manière qu'en même-temps que l'on assure au Peuple sa liberté, en lui donnant quelque part au Gouvernement, on ne pousse pas ses suretés trop loin, &

que le Gouvernement n'approche pas trop du Démocratique : car les réflexions que nous avons faites ci-devant sur les Gouvernemens populaires, font assez sentir les inconveniens qui en résulteroient.

§. XLIV. Concluons donc de l'examen que nous venons de faire des différentes formes de Gouvernement, que les meilleurs Gouvernemens sont ou une Monarchie limitée, ou une Aristocratie tempérée par la Démocratie, par quelques priviléges en faveur de la généralité du Peuple.

§. XLV. Il est vrai que dans la réalité, il y a toujours quelque chose à rabattre des avantages que nous avons donnés à ces Gouvernemens ; mais c'est la faute des hommes & non des établissemens. La constitution est la plus parfaite qu'on puisse imaginer : si les hommes la gâtent en y apportant leurs défauts & leurs vices, c'est la nature de toutes les choses humaines ; & puisqu'il faut prendre un parti, le meilleur sera toujours celui qui par lui-même a le moins d'inconvéniens.

§. XLVI. Enfin si l'on demandoit encore, quel est entre les Gouvernemens le meilleur ? je répondrai que tous les bons Gouvernemens ne conviennent pas également à tous les peuples, & qu'il faut avoir égard en cela à l'humeur & au caractère des Peuples & à l'étendue des Etats.

§. XLVII. Les grands Etats ont peine à s'accommoder des Gouvernemens républicains, & une Monarchie sagement limitée leur convient mieux ; mais pour les Etats d'une médiocre étendue, le Gouvernement qui leur est le plus avantageux, c'est une Aristocratie élective, mêlée de quelques réserves en faveur de la généralité du peuple.

CHAPITRE III.

Des différentes manières d'acquerir la Souveraineté.

§. I. LE seul fondement légitime de toute acquisition de la Souveraineté, c'est le consentement ou la volonté du Peuple (1). Mais comme ce consentement peut se donner en différentes manières, selon les circonstances qui l'accompagnent ; de là vient que l'on distingue

(1) *Voyez ci-dessus, Part. I. Chap. 6.*

différentes manières d'acquérir la Souveraineté.

§. II. Quelquefois un Peuple est contraint par la force des armes, de se soumettre à la domination du vainqueur : quelquefois aussi le Peuple de son pur mouvement donne à quelqu'un l'autorité souveraine, avec une pleine & entière liberté. On peut donc acquerir la Souveraineté, ou d'une manière forcée & par violence, ou d'une manière libre & volontaire.

§. III. Ces différentes acquisitions de la Souveraineté peuvent convenir à leur manière à toutes sortes de Gouvernemens. Mais comme elles se développent sur tout par rapport aux Monarchies, ce sera aussi principalement à l'égard des Royaumes, que nous examinerons cette matière.

I. *De la Conquête.*

§. IV. L'ON acquiert la Souveraineté par la force, ou plutôt l'on s'en empare par la conquête ou par l'usurpation.

§. V. La conquête est l'acquisition de la Souveraineté, par la supériorité des armes d'un Prince étranger, qui réduit enfin les vaincus à se soumettre à son Empire.

L'usurpation se dit proprement d'une personne naturellement soumise à celui sur lequel on s'empare de la Souveraineté : mais l'usage confond souvent ces deux termes.

§. VI. Il y a plusieurs remarques à faire sur la conquête, considérée comme un moyen d'acquerir la Souveraineté.

1°. La conquête considérée en elle-même, est plutôt l'occasion d'acquerir la Souveraineté, que la cause immédiate de cette acquisition. La cause immédiate de l'acquisition de la Souveraineté, c'est toujours le consentement du peuple ou exprès ou tacite : sans ce consentement l'état de guerre subsiste toujours entre deux ennemis, & l'on ne sçauroit dire que l'un soit obligé d'obéir à l'autre. Tout ce qu'il y a, c'est que le consentement du vaincu est extorqué par la supériorité du vainqueur.

§. VII. 2°. Toute conquête légitime suppose que le vainqueur ait eu un juste sujet de faire la guerre au vaincu, sans cela la conquête n'est pas par elle-même un titre suffisant : car on ne peut pas s'emparer de la Souveraineté d'une Nation par la seule prise de possession, comme d'une chose qui n'est à personne. Ainsi lorsqu'Alexandre porta la guerre chez les Peuples les plus éloignés, & qui n'avoient jamais entendu parler de lui; certainement une pareille conquête n'étoit pas un titre plus légitime d'acquérir la Souveraineté, que le brigandage n'est un moyen légitime de s'enrichir. La qualité & le nombre des personnes ne changent point la nature de l'action; l'injure est la même, le crime est égal.

§. VIII. Mais si la guerre est juste, la conquête l'est aussi; car premièrement elle est une suite naturelle de la victoire, & le vaincu qui se rend au vainqueur, ne fait que racheter sa vie par la perte de sa liberté. D'ailleurs les vaincus s'étant engagés par leur faute dans une guerre injuste, plutôt que d'accorder la juste satisfaction qu'ils devoient, ils sont censés avoir tacitement consenti d'avance aux conditions que le vainqueur leur imposeroit, pourvû qu'elles n'eussent rien d'injuste ni d'inhumain.

§. IX. 3°. Que faut-il penser des conquêtes injustes, & d'une soumission extorquée par une violence injuste? Peut-elle donner un droit légitime? Je répons qu'il faut distinguer, si l'usurpateur a changé une République en Monarchie, ou bien s'il a dépossédé le légitime Monarque. Au dernier cas, il est indispensablement obligé de rendre la couronne à celui qu'il en a dépouillé ou à ses héritiers, jusqu'à ce que l'on puisse raisonnablement présumer qu'ils ont renoncé à leurs prétentions, & c'est ce qu'on présume toujours, lorsqu'il s'est écoulé un temps considérable sans qu'ils ayent voulu ou pu faire effort pour recouvrer la Couronne.

§. X. Le droit des gens admet donc une espéce de prescription entre les Rois ou les Peuples libres par rapport à la souveraineté: C'est ce que demande l'intérêt & la tranquillité des Sociétés. Il faut qu'une possession soutenue & paisible de la Souveraineté la mette une fois hors d'atteinte : autrement il n'y auroit jamais de fin aux disputes touchant les Royaumes & leurs limites, ce qui seroit une source de guerres perpétuelles, & à peine y auroit-il aujourd'hui un Souverain qui possédât l'autorité légitimement.

§. XI. Il est effectivement du devoir des Peuples de résister dans les commencemens à l'Usurpateur de toutes leurs forces, & de demeurer fidéles à leur Souverain ; mais si malgré tous leurs efforts leur Souverain a du dessous, & qu'il ne soit plus en état de faire valoir son droit, ils ne sont obligés à rien de plus, & ils peuvent pourvoir à leur conservation.

§. XII. Les Peuples ne sçauroient se passer de Gouvernement, & comme ils ne sont pas tenus de s'exposer à des guerres perpétuelles, pour soûtenir les intérêts de leur premier Souverain, ils peuvent rendre légitime par leur consentement le droit de l'Usurpateur, & dans ces circonstances le Souverain dépouillé doit se consoler de la perte de ses Etats, comme d'un malheur.

§. XIII. A l'égard du premier cas, si l'Usurpateur a changé une République en Monarchie, s'il gouverne avec modération & avec équité, il suffit qu'il ait régné paisiblement pendant quelque tems, pour donner lieu de croire que le Peuple s'accommode de sa domination, & pour effacer ainsi ce qu'il y avoit de vicieux dans la manière dont il l'avoit acquise : c'est ce qu'on peut fort bien appliquer au régne d'Auguste. Que si au contraire, le Prince qui s'est rendu maître du gouvernement d'une République, l'exerce tyranniquement, s'il maltraite les Citoyens & les opprime, on n'est point alors obligé de lui obéir. Dans ces circonstances la possession la plus longue n'emporte autre chose qu'une longue continuation d'injustice.

II. *De l'Election des Souverains.*

§. XIV. MAIS la manière la plus légitime d'acquerir la Souveraineté, c'est sans doute celle qui est fondée sur le consentement libre du Peuple : cela se fait ou par voie d'élection ou par droit de succession. C'est pourquoi on distingue les Royaumes en électifs & en successifs.

XV. L'élection est cet acte par lequel le Peuple désigne celui qu'il juge capable de succéder au Roi défunt pour gouverner l'Etat, & si-tôt que cette personne a accepté l'offre du Peuple, il est revêtu de la Souveraineté.

§. XVI. L'on peut distinguer deux sortes d'Elections, l'une entièrement libre, l'autre gênée ou restreinte à certains égards. La première, lorsque l'on peut choisir qui l'on trouve à propos, l'autre quand on est astreint à choisir une personne qui soit par exemple d'une certaine Nation, d'une certaine famille, d'une certaine religion, &c. Parmi les anciens Perses, aucun ne pouvoit être Roi s'il n'avoit été instruit par les Mages (1).

§. XVII. Le temps qui s'écoule entre la mort du Roi & l'élection de son successeur, s'appelle Interrégne.

§. XVIII. Pendant l'interrégne, l'Etat est pour ainsi dire, un corps imparfait qui manque d'un Chef; mais la Société civile n'est pas pour cela anéantie. La Souveraineté retourne alors au Peuple, qui jusqu'à ce qu'il ait choisi un nouveau Roi, peut l'exercer comme il juge à propos : il est même le maître de changer la forme du Gouvernement.

§. XIX. Mais c'est une précaution très-sage, pour prévenir les troubles d'un interrégne, de désigner par avance ceux qui, pendant ce temps-là, doivent prendre en main les rènes du Gouvernement. Ainsi en Pologne, c'est l'Archevêque de *Gnesne*, avec les Députés de la grande & de la petite Pologne, qui sont établis pour cela.

§. XX. On appelle ceux qui sont revêtus de cet emploi, *Régens du Royaume* : les Romains les nommoient *Interreges*. Ce sont des Magistrats extraordinaires, à tems,

(1) *Cicer. de Divinat. Lib. I. Cap.* 41.

& pour ainsi dire provisionnels, qui, au nom & en l'autorité du Peuple, exercent jusqu'à l'élection, les actes de la Souveraineté; ensorte qu'ils sont obligés de rendre compte de leur administration. Voilà qui peut suffire pour l'élection.

III. *De la Succession à la Couronne.*

§. XXI. L'autre manière d'acquerir la Souveraineté, c'est le droit de succession par lequel les Princes qui ont une fois acquis la Couronne la transmettent à leurs successeurs.

§. XXII. Il semble d'abord que les Royaumes électifs l'emportent sur ceux qui sont héréditaires, en ce que dans les premiers on peut toujours choisir un Prince de mérite & capable de gouverner : cependant l'expérience fait voir qu'à tout prendre, il est du bien de l'Etat que les Royaumes soient successifs.

§. XXIII. Car 1°. On évite par là de grands inconvéniens qui naissent des fréquentes Elections, soit à l'égard du dedans soit à l'égard du dehors. 2°. Il y a moins de disputes & d'incertitude au sujet de ceux qui doivent succéder. 3°. Un

Prince dont la Couronne est héréditaire ; toutes choses d'ailleurs égales, prendra plus de soin de son Royaume ; & ménagera plus ses Sujets, dans l'espérance de laisser la Couronne à ses enfans, que s'il ne la possédoit que pour lui seul. 4°. Un Royaume où la succession est réglée a bien plus de consistance & de force ; il peut former de plus grands projets, & en poursuivre l'exécution plus sûrement que s'il étoit électif. 5°. Enfin la personne du Roi est plus respectable aux Peuples par l'éclat de sa naissance, & ils ont tout lieu d'attendre qu'il aura les qualités convenables au Thrône, par les impressions du noble sang dont il sort, & par l'éducation qu'il aura reçuë.

§. XXIV. L'ordre de la succession à la Couronne est réglé ou par la volonté du dernier Roi, ou par celle du Peuple.

§. XXV. Dans les Royaumes véritablement patrimoniaux, chaque Roi est en droit de régler la succession, & de disposer du Royaume comme il veut, bien entendu pourtant que le choix qu'il fait de son successeur & la manière dont il dispose de l'Etat, ne soit pas manifestement & notablement opposée au bien public, qui, même dans les Royaumes patrimoniaux, fait toujours la souveraine loi.

§. XXVI. Que si un tel Roi, prévenu peut-être par la mort, n'a point nommé de Successeur; alors il paroît naturel de suivre, par rapport à la Couronne, les loix ou les coutumes établies dans le Pays à l'égard des successions particuliéres, autant du moins que le salut & la constitution de l'Etat peuvent le permettre (2). Mais il est certain que dans ces cas-là le prétendant le plus autorisé & le plus puissant l'emportera toujours sur les autres.

§. XXVII. A l'égard des Royaumes non patrimoniaux, c'est le Peuple qui régle l'ordre de la succession: & quoiqu'à parler en général, les Peuples soient les maîtres d'établir la succession comme ils veulent, cependant la prudence exige qu'ils suivent en cela la méthode la plus avantageuse à l'Etat, la plus propre à y maintenir l'ordre & la paix, & à en faire la sureté.

(2) Voyez *D. de la Nat. & des G. Liv. 7. Chap. 7. §. 2.*

§. XXVIII. Les méthodes les plus usitées sont, la succession purement héréditaire qui suit à peu près les régles du droit commun, & la succession linéale qui reçoit des modifications plus particulières.

§. XXIX. Le bien de l'État demande donc que la succession purement héréditaire s'écarte en plusieurs choses des successions entre particuliers.

1°. Le Royaume doit rester indivisible, & n'être point partagé entre plusieurs héritiers au même dégré : car premièrement cela affoibliroit considérablement l'Etat, qui seroit moins propre à résister aux attaques qu'il peut avoir à souffrir. D'ailleurs les Sujets ayant différens maîtres, ne seront plus si étroitement unis entr'eux ; & enfin, cela peut donner lieu à des guerres intestines, comme l'expérience ne l'a que trop justifié.

§. XXX. 2°. La Couronne doit demeurer dans la postérité du premier Roi, & ne point passer à ses parens en ligne collatérale, & moins encore à ceux qui n'ont avec lui que des liaisons d'affinité. C'est-là, sans doute, l'intention d'un Peuple qui a rendu la Couronne héréditaire dans la famille d'un Prince : ainsi à moins

moins qu'il ne s'en soit expliqué autrement, au défaut des descendans du premier Roi, le droit de disposer du Royaume retourne à la Nation.

§. XXXI. 3°. On ne doit admettre à la succession que ceux qui sont nés d'un mariage conforme aux loix du Pays. Il y en a plusieurs raisons : 1°. c'est sans doute l'intention des Peuples, quand ils ont donné la Couronne aux descendans du Roi : 2°. les Peuples n'ont point le même respect pour les enfans naturels du Roi, que pour ses enfans légitimes : 3°. le pere des enfans naturels n'est pas connu d'une manière certaine, n'y ayant pas de manière sûre de constater le pere d'un enfant né hors du mariage. Cependant il est de la dernière importance que l'on n'ait aucun doute sur la naissance de ceux qui doivent régner, pour éviter les contestations qui pourroient naître là-dessus, & déchirer le Royaume ; & de-là vient qu'en plusieurs pays les Reines accouchent en public, ou en présence de plusieurs personnes.

§. XXXII. 4°. Les enfans adoptifs n'étant pas du sang royal, sont aussi exclus de la Couronne, qui doit revenir à la disposition du Peuple, dès que la tige royale vient à manquer.

§. XXXIII. 5°. Entre ceux qui sont en même dégré, soit réellement, soit par représentation, les mâles sont préférés aux femmes, parce qu'on les présume plus propres à faire la guerre, & aux autres fonctions du Gouvernement.

§. XXXIV. 6°. Entre plusieurs mâles ou plusieurs femmes au même dégré, l'aîné doit succéder. C'est la naissance qui donne ce droit ; car la Couronne étant en même tems indivisible & successive, l'aîné, en vertu de sa naissance, a un droit de préférence, que le cadet ne sçauroit lui enlever. Mais il est juste que l'aîné donne à ses frères de quoi s'entretenir honnêtement & suivant leur condition : ce qui leur est attribué pour cela s'appelle un appanage.

§. XXXV. 7°. Enfin, il faut remarquer que la Couronne ne passe pas au Successeur par un effet de la bonne volonté du Roi défunt, mais par la volonté du Peuple qui l'a établie dans la famille Royale. Il suit de-là que l'hérédité des biens particuliers du Roi, & celle de la Couronne, sont d'une nature toute différente, & qui n'ont entr'elles aucune liaison nécessaire ; ensorte qu'à la rigueur le successeur peut accepter la Couronne & refuser l'héritage des biens particuliers ; & alors il n'est pas tenu d'acquitter les dettes attachées à ces biens particuliers.

§. XXXVI. Mais il faut avouer que l'honneur & l'équité ne permettent guère à un Prince qui est parvenu à la Couronne, d'user de ce droit rigoureux, & que s'il a à cœur la gloire de sa maison, il trouvera dans son œconomie & dans ses épargnes de quoi satisfaire aux dettes de son prédécesseur : bien entendu que cela ne doit pas se faire aux dépens du Trésor public. Telles sont les régles de la succession purement héréditaire.

§. XXXVII. Comme dans la succession héréditaire, qui appelle à la Couronne le plus proche du dernier Roi, il peut survenir des contestations fort embrouillées sur le degré de proximité, lorsque ceux qui restent sont un peu éloignés de la tige commune ; plusieurs peuples ont établi la succession linéale de branche en branche, dont voici les régles.

1°. Tous ceux qui descendent du premier Roi, sont censés faire autant de lignes ou de branches, dont chacune a droit à la Couronne, suivant qu'elle est à un dégré plus proche.

2°. Entre ceux de cette ligne qui sont au même degré, le sexe premiérement & ensuite l'âge donne la préférence.

3°. L'on ne passe point d'une ligne à l'autre, tant qu'il reste quelqu'un de la précédente, quand même il y auroit dans une autre ligne des parens plus proches du dernier Roi. Exemple.

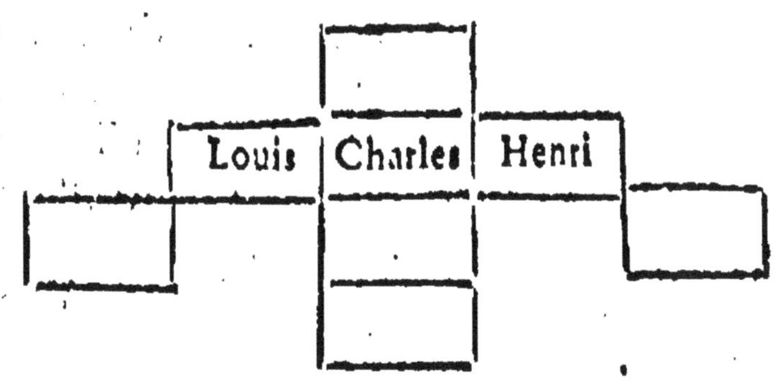

Un Roi laisse trois fils, LOUIS, CHARLES, HENRI. Le fils de Louis qui lui a succédé meurt sans enfans: il reste de Charles un petit-fils. Henri vit encore; celui-ci est oncle du Roi défunt, le petit-fils de Charles n'est que son cousin issu de germain; & cependant ce petit-fils aura la Couronne, comme lui ayant été transmise par son grand-pere, dont la ligne a exclu Henri & ses descendans jusqu'à ce qu'elle vienne à s'éteindre.

4°. Chacun a donc droit de succéder à son rang, & il transmet ce droit à ses descendans, avec le même ordre de succession, quoiqu'il n'ait jamais regné lui-même, c'est-à-dire que le droit des morts passe aux vivans, & des vivans aux morts.

5°. Si le dernier Roi est mort sans enfans, on prend la ligne la plus proche de celle du défunt, & ainsi de suite.

§. XXXVIII. Il y a deux principales sortes de succession linéale, sçavoir la *Cognatique* & l'*Agnatique* : ces noms viennent des mots latins *Cognati & Agnati*, qui dans le Droit Romain signifient, le premier, les parens du côté des femmes; l'autre, ceux qui sont du côté des mâles.

§. XXXIX. La succession linéale cognatique est donc celle qui n'exclut point les femmes de la succession, mais qui les appelle seulement après les mâles dans la même ligne : ensorte que lorsqu'il ne reste que des femmes, on ne passe pas pour cette raison à une autre ligne, mais on revient à elles lorsque les mâles les plus proches, ou d'ailleurs égaux, viennent à manquer avec tous leurs descendans. On appelle aussi cette succession, *Castillane*. Il suit de là que la fille du fils du dernier Roi est préférée au fils de la fille du même Prince, & la fille d'un de ses frères, au fils d'une de ses sœurs.

§. XL. La succession linéale agnatique est celle dans laquelle il n'y a que des mâles issus des mâles qui succèdent; ensorte que les femmes & tous ceux qui sortent d'elles, sont exclus à perpétuité. Elle s'appelle aussi Françoise. Cette exclusion des femmes & de leurs descendans est établie principalement pour empêcher que la Couronne parvienne à une race étrangère, par les mariages des Princesses du Sang Royal.

§. XLI. Telles sont les principales espèces de succession qui sont en usage, & qui peuvent encore être modifiées en différentes manières par la volonté du Peuple; mais la prudence veut qu'on préfère celles qui sont sujettes à moins de difficulté, & à cet égard la succession linéale l'emporte certainement sur la succession purement héréditaire.

§. XLII. Il peut s'élever plusieurs questions également curieuses & importantes sur la succession aux Royaumes. On peut consulter là-dessus GROTIUS. (3) Nous nous contenterons d'examiner ici à qui appartient la décision des disputes qui peuvent survenir entre deux ou plusieurs prétendans à la Couronne.

1°. Si le Royaume est patrimonial, & qu'il s'élève quelques disputes après la mort du Roi, entre les prétendans : le meilleur est de s'en rapporter à des Arbitres qui soient de la famille Royale : le bien & la paix du Royaume le veulent ainsi.

2°. Mais dans les Royaumes légitimes, si la contestation s'élève du vivant même du Roi, le Roi n'en est pas pour cela Juge compétent : car il faudroit que le Peuple lui eût donné le pouvoir de régler la succession, selon sa volonté, ce que l'on ne suppose pas. C'est donc au peuple à en décider, ou par lui-même, ou par ses représentans.

3°. Je dis la même chose si la contestation ne s'élève qu'après la mort du Roi : alors, ou il s'agit de décider lequel des Prétendans est le plus proche du Roi

(3) *Droit de la G. & de la P. Liv. II. Ch. VII. §. 25. & suiv.*

défunt; & c'est une question de fait que le Peuple seul doit décider, parce qu'il y est principalement intéressé.

4°. Ou bien l'on dispute pour sçavoir quel degré, quelle ligne doit avoir la préférence, suivant l'ordre de la succession que le Peuple a établi, & alors c'est une question de Droit. Or qui peut mieux juger cela que le Peuple lui-même qui a établi l'ordre de succession ? Autrement il n'y auroit que la voie des armes qui pût terminer le différent : ce qui seroit tout-à-fait contraire au bien de la Société.

§. XLIII. Mais pour éviter tout embarras là-dessus, il seroit fort convenable que le Peuple se réservât formellement par une loi fondamentale, le droit de juger en pareil cas. En voilà assez sur les manières d'acquerir la Souveraineté.

CHAPITRE IV.

Des différentes manières de perdre la Souveraineté.

§. I. VOyons à présent comment l'on peut perdre la Souveraineté : c'est ce qui ne sçauroit avoir de grandes difficultés, après les principes que nous venons d'établir sur les manières de l'acquerir.

§. II. On peut perdre la Souveraineté par l'abdication, c'est-à-dire, par un acte par lequel le Prince régnant renonce à la Souveraineté, pour ce qui le regarde ; & c'est de quoi l'histoire même des derniers siécles nous fournit plusieurs exemples remarquables.

§. III. Comme la Souveraineté doit son origine à une convention fondée sur un consentement libre entre le Roi & ses Sujets, si pour quelques raisons spécieuses le Roi trouve à propos de renoncer à la Souveraineté, le Peuple n'est pas proprement en droit de le contraindre à la retenir.

§. IV. Bien entendu que cette abdication ne se fasse pas à contre-temps, comme lorsque le Royaume tomberoit en minorité, sur tout si l'on étoit menacé d'une guerre, ou que le Prince par sa mauvaise conduite eût jetté l'Etat dans de grands périls, dans lesquels il ne sçauroit l'abandonner, sans le trahir ou sans le perdre.

§. V. Mais on peut bien dire qu'il est très-rare qu'un Prince se rencontre dans des circonstances qui doivent l'engager à renoncer volontairement à la Couronne : dans quelque situation qu'il se trouve, il peut se décharger du fardeau du Gouvernement, en retenant toujours la supériorité du Commandement. Un Roi doit mourir sur le Thrône, & c'est toûjours une foiblesse indigne de lui, de se dépouiller volontairement de l'autorité ; & l'expérience a fait voir plus d'une fois, que l'abdication entraînoit après elle une fin de vie triste & misérable.

§. VI. Il n'y a donc nul doute qu'un Prince ne puisse renoncer pour soi-même à la Couronne, ou au droit de succéder au Royaume : mais il y a plus de difficulté à décider si l'on peut aussi y renoncer pour ses enfans.

§. VII. Pour juger ſurement de cette queſtion, qui a ſi fort partagé les Politiques, il faut en établir les principes.

1°. Toute acquiſition d'un droit ſur autrui, & par conſéquent de la Souveraineté, ſuppoſe le conſentement de celui ſur qui l'on doit acquerir ce droit, & l'acceptation de celui qui doit l'acquerir. Auſſi long-tems que cette acceptation n'eſt pas intervenue, l'intention du premier ne produit pas en faveur de l'autre un droit abſolu & irrévocable : ce n'eſt qu'une ſimple deſtination dont on demeure toujours le maître.

§. VIII. 2°. Appliquons ces principes. Ceux de la famille Royale qui ont accepté la volonté du Peuple qui leur a déféré la Couronne, ont ſans contredit acquis par là un droit parfait & irrévocable, & dont on ne ſçauroit les dépouiller ſans leur conſentement,

§. IX. 3°. A l'égard de ceux qui ſont encore à naître, comme ils n'ont point accepté la deſtination du Peuple, ils n'ont encore aucun droit ; & par conſéquent cette deſtination n'eſt par rapport à eux, qu'un acte imparfait, une eſpérance, & dont le Peuple demeure toujours le maître.

§. X. 4°. Mais, direz-vous, les Ancêtres de ceux qui sont à naître, ont consenti & stipulé pour eux, ils ont reçu l'engagement du Peuple en leur faveur. Fort bien ; mais cela même autorise la renonciation & en fortifie l'effet. Car comme le droit de ceux qui sont à naître, n'a d'autre fondement que le concours de la volonté du Peuple & de leurs Ancêtres, il est incontestable que ce droit peut leur être enlevé sans injustice, par ceux-là mêmes de la seule volonté desquels ils le tenoient.

§. XI. 5°. La seule volonté d'un Prince, sans le consentement de la Nation, ne pourroit pas effectivement exclure ses enfans de la Couronne à laquelle le peuple les a appellés : de même aussi la seule volonté du peuple, destituée du consentement du Prince, ne pourroit pas priver ses enfans d'une esperance que leur père a stipulée du peuple pour eux en leur faveur : mais si ces deux volontés se réunissent, elles pourront sans doute changer ce qu'elles avoient établi.

§. XII. 6°. Il est vrai que ces renonciations ne doivent pas se faire sans cause, & par un pur motif d'inconstance ou de légèreté. Dans ces circonstances la raison ne sçauroit les autoriser, & le bien de l'Etat ne permet pas que l'on donne atteinte sans nécessité à l'ordre de la succession.

§. XIII. 7°. Si au contraire la Nation se trouve dans des circonstances, que la renonciation d'un Prince ou d'une Princesse soit absolument nécessaire à sa tranquillité & à son bonheur : alors la loi suprême du bien public qui a établi l'ordre de la succession, veut qu'on s'en écarte.

§. XIV. 8°. Ajoutons encore qu'il est du bien commun des Nations, que des renonciations faites dans ces circonstances soient valides, & que les parties intéressées ne cherchent pas à les annuller : car il y a des temps & des conjonctures où elles sont nécessaires pour le bien de l'Etat, & si ceux avec qui l'on traite croyoient que l'on se mocquera ensuite de la renonciation, ils n'auroient garde de s'en contenter. On voit bien qu'il ne pourroit naître de là que des guerres toujours sanglantes & cruelles : GROTIUS décide cette question à peu près de la même manière ; on peut voir ce qu'il en dit (1).

(1) *Liv. I. C. 7. §. 26. & Liv. II. C. 4. §. 10.*

§. XV. 9°. Comme la guerre ou la conquête est un moyen d'acquerir la Souveraineté, comme nous l'avons vû dans le Chapitre précédent, il est manifeste que c'est aussi un moyen de la perdre ; mais ce que nous avons dit là-dessus, peut suffire quant à présent.

§. XVI. A l'égard de la tyrannie & de la déposition des Souverains, (car l'une & l'autre sont aussi des manières de perdre la Souveraineté) comme ces deux choses ont rapport aux devoirs des Sujets envers leurs Souverains, nous en traiterons après que dans le Chapitre suivant nous aurons parlé de ces devoirs.

CHAPITRE V.

Des devoirs des Sujets en général.

§. I. En suivant le plan que nous nous sommes fait, il faut traiter ici des devoirs des Sujets. Puffendorf nous en donne une idée nette & précise dans le dernier Chapitre des *Devoirs de l'homme & du citoyen* : nous le suivrons pied à pied.

§. II. Les devoirs des sujets sont ou généraux ou particuliers : les uns & les autres découlent de leur état & de leur condition.

§. III. Tous les citoyens ont cela de commun, qu'ils sont tous soumis au même Souverain, au même Gouvernement, & qu'ils sont membres d'un même Etat : c'est de ces relations que dérivent les devoirs généraux.

§. IV. Et comme ils occupent les uns & les autres différens emplois, différens postes dans l'Etat, qu'ils exercent différentes professions ; de là naissent aussi leurs devoirs particuliers.

§. V. Il faut encore remarquer que les devoirs des sujets supposent & renferment les devoirs de l'homme considéré simplement comme tel, & comme membre de la Société humaine en général.

§. VI. Les devoirs généraux des Sujets ont pour objet, ou les conducteurs de l'Etat, ou tout le corps du peuple & la patrie, ou les particuliers d'entre les concitoyens.

§. VII. A l'égard des conducteurs de l'Etat, des Souverains, tout Sujet leur doit le respect, la fidélité & l'obéissance que demande leur caractère. D'où il suit qu'il faut être content du Gouvernement présent, & ne former ni cabales ni séditions; mais s'attacher aux intérêts de son Prince plus qu'à ceux de tout autre, l'honorer souverainement, penser favorablement, & parler avec respect de lui & de ses actions: on doit même avoir de la vénération pour la mémoire des bons Princes, &c.

§. VIII. Par rapport à tout le corps de l'Etat, un bon citoyen se fait une loi inviolable de préférer le bien public à toute autre chose, de sacrifier gaiement ses richesses, sa fortune, tous ses intérêts particuliers, & sa vie même pour la conservation & le bien de l'Etat; & d'employer tous ses talens, toute son industrie pour faire honneur à sa patrie, & lui procurer quelque avantage.

§. IX. Enfin le devoir d'un sujet envers ses concitoyens, consiste à vivre avec eux autant qu'il lui est possible en paix & en bonne union; à être doux, complaisant, commode & officieux envers chacun; à ne point causer de trouble par une humeur bourrue ou fâcheuse; à ne point porter envie ni de préjudice au bonheur des autres, &c.

§. X. Pour les devoirs particuliers des sujets,

sujets ; ils sont attachés aux différens emplois qu'ils ont dans la Société. Voici là-dessus quelques régles générales.

1°. On ne doit aspirer à aucun emploi public, & ne pas même l'accepter lorsque l'on ne se sent pas capable de le remplir dignement. 2°. On ne doit pas se charger de plus d'emplois que l'on n'en peut remplir. 3°. Il ne faut pas employer de mauvais moyens pour les obtenir. 4°. Il y a même quelquefois une espéce de justice à ne pas rechercher certains emplois qui ne nous sont pas nécessaires, & qui peuvent être aussi-bien remplis par d'autres, à qui d'ailleurs ils conviennent mieux. 5°. Enfin il faut remplir toutes les fonctions des emplois qu'on a obtenus, avéc toute l'application, l'exactitude & la fidélité dont on est capable.

§. XI. Rien n'est plus aisé que d'appliquer ces maximes générales aux emplois particuliers de la Société, & d'en tirer des conséquences propres à chacun d'eux ; comme par rapport aux Ministres & aux Conseillers d'Etat, aux Ministres de la Religion ; aux Docteurs publics, aux Magistrats & aux Officiers de Justice, aux Officiers de guerre, & aux Soldats, aux

Receveurs des Finances, aux Ambassadeurs, &c.

§. XII. Au reste, les devoirs particuliers des sujets finissent avec les charges publiques d'où ils découlent ; mais pour les devoirs généraux, ils subsistent aussi longtemps que l'on est citoyen ou sujet de l'Etat, & jusqu'à ce qu'on ait perdu cette qualité. Or on cesse d'être sujet ou citoyen d'un Etat, principalement en trois manières. 1°. Lorsqu'on va s'établir ailleurs. 2°. Lorsqu'on est banni d'un pays pour quelque crime & dépouillé des droits de citoyen. 3°. Enfin lorsqu'on est réduit à la nécessité de se soumettre à la domination d'un vainqueur.

§. XIII. C'est un droit naturel à tous les peuples libres, que chacun a la liberté de se retirer ailleurs, s'il le juge convenable. En effet quand on devient membre d'un Etat, on ne renonce pas pour cela entièrement au soin de soi-même & à ses propres affaires : au contraire on cherche une protection puissante, à l'abri de laquelle on puisse se procurer les nécessités & les commodités de la vie : ainsi on ne sçauroit refuser aux particuliers d'un Etat, la liberté de s'établir ailleurs pour s'y procuser les avantages qu'ils ne trouvent pas dans leur patrie.

§. XIV. Il y a pourtant ici certaines maximes de devoir & de bienséance, dont on ne sçauroit se dispenser.

1°. En général on ne doit pas quitter sa patrie sans la permission du Souverain ; mais le Souverain ne doit pas la refuser sans de très-fortes raisons.

2°. Il seroit contre le devoir d'un bon Citoyen d'abandonner sa patrie à contre-tems, & dans des circonstances où l'Etat a un intérêt particulier que l'on y demeure. (1)

3°. Si les loix du pays où l'on vit ont réglé quelque chose là-dessus, il faut s'y soumettre de bonne grace, car on y a consenti en devenant membre de l'Etat.

§. XV. Les Romains ne forçoient personne à demeurer dans leur Etat ; & CICERON (2) loue fort cette maxime ; il

(1) *Voyez* Grot. D. de la G. & de la P. Liv. II. C. 4. §. 24.

(2) *O jura præclara atque divinitus jam inde à principio Romani nominis à majoribus nostris comparata..... Ne quis invitus civitate mutetur, neve in civitate maneat invitus : hæc sunt enim fundamenta firmissima nostræ libertatis, sui quem-*

l'appelle le fondement le plus ferme de la liberté, « qui consiste à pouvoir ou retenir » son droit ou y renoncer, comme on le » juge à propos. »

§. XVI. On demande encore si les Citoyens peuvent sortir de l'Etat en troupe ? GROTIUS & PUFFENDORF sont là-dessus dans un sentiment opposé. (3) Pour moi, il me semble qu'il ne peut guère arriver que les Citoyens sortent en troupe, que dans l'un de ces deux cas ; ou quand le Gouvernement est tyrannique, ou lorsqu'une multitude de gens ne peut plus subsister dans le Pays ; comme si des Manufacturiers, par exemple, ou d'autres Ouvriers, ne trouvoient plus de quoi fabriquer ou débiter leurs marchandises. Dans ces circonstances les Citoyens peuvent se retirer comme ils veulent, & ils y sont autorisés en vertu d'une exception tacite. Si le Gouvernement est tyrannique, c'est au Souverain à changer de conduite, &

que juris & retinendi & dimittendi esse dominum. Orat. pro L. Corn. Balbo. Cap. XIII. adde. Leg. 12. §. 9. Digest. de cap. diminut. & postlim. Lib. XLIX. tit. 15.

(3) Vid. *Grot.* ubi, sup. & *Puffend.* De la N. & des G. Liv. VIII. Ch. XI. §. 4.

aucun Citoyen ne s'est engagé à vivre sous la tyrannie. Si la misère presse les Citoyens de sortir, c'est là encore une exception raisonnable aux engagemens les plus exprès, à moins que le Souverain ne leur fournisse les moyens de subsister. Mais hors ces cas-là, si les Citoyens sortoient en troupes, sans cause & par une espéce de désertion générale, le Souverain peut sans contredit s'y opposer, s'il trouve que l'Etat en souffre un trop grand préjudice.

§. XVII. On cesse encore d'être Citoyen d'un Etat, quand on en est banni à perpétuité, en punition de quelque crime : car du moment que l'Etat ne veut plus reconnoître quelqu'un pour un de ses membres, & qu'il le chasse de ses terres, il le tient quitte des engagemens où il étoit en tant que Citoyen : les Jurisconsultes appellent cette peine *mort civile*. Au reste, il est bien évident que l'Etat ou le Souverain ne peut pas chasser un Citoyen de ses terres quand il lui plaît, & sans qu'il l'ait mérité par aucun crime.

§. XVIII. Enfin on peut perdre la qualité de Citoyen d'un Etat, par l'effet d'une force supérieure de la part d'un ennemi, par lequel on est réduit à la nécessité de se soumettre à sa domination. C'est encore là un cas de nécessité fondé sur le droit que chacun a de pourvoir à sa conservation.

CHAPITRE VI.

Des Droits inviolables de la Souveraineté; de la Déposition des Souverains; de l'Abus de la Souveraineté & de la Tyrannie.

§. I. TOUT ce que nous avons dit dans le Chapitre précédent des devoirs des Sujets à l'égard de leurs Souverains, ne souffre point de difficulté. On convient en général de la régle, que le Souverain est une personne sacrée & inviolable; mais on demande si cette prérogative du Souverain est telle qu'il ne soit jamais permis au Peuple de s'élever contre lui, de le déposséder ou de changer la forme du Gouvernement?

§. II. Pour répondre à cette question, je remarque d'abord que la nature & le but du Gouvernement imposent une obligation indiſpenſable à tous les Sujets, de ne point réſiſter au Souverain, mais de le reſpecter & de lui obéir, tant que le Souverain ſe ſert de ſon autorité avec juſtice & avec modération, & qu'il ne paſſe point les bornes de ſon pouvoir.

§. III. C'eſt cette obligation à l'obéiſſance de la part des Sujets, qui fait toute la force de la Société civile & du Gouvernement, & par conſéquent tout le bonheur de l'Etat. Quiconque s'élève donc contre le Souverain, quiconque attente à ſa perſonne & à ſon autorité, ſe rend manifeſtement coupable du plus grand crime que les hommes puiſſent commettre, puiſqu'il porte atteinte aux premiers fondemens du bonheur public, dans lequel eſt renfermé celui des particuliers.

§. IV. Mais ſi cette maxime eſt vraie à l'égard des particuliers, peut-on auſſi l'appliquer au corps entier de la Nation, de qui le Souverain tient originairement toute ſon autorité ? Si le Peuple trouve à propos de la reprendre ou de changer la forme du Gouvernement, pourquoi n'en ſeroit-il pas le maître ? Celui qui fait les Rois ne peut-il pas les dépoſer ?

§. V. Tâchons d'éclaircir cette difficulté.

Je dis donc que le Peuple même, le corps entier de la Nation, n'a pas le droit de déposer le Souverain ou de changer la forme du Gouvernement, sans aucune raison que celle de son plaisir, & par pure inconstance ou légéreté.

§. VI. En général les mêmes raisons qui établissent la nécessité d'un Gouvernement & d'une autorité souveraine dans la Société, prouvent aussi qu'il faut que le Gouvernement soit stable, & que les Peuples ne soient pas les maîtres de déposer leurs Souverains toutes les fois que par caprice ou par légéreté ils voudroient le faire, & qu'ils n'ont aucune bonne raison pour changer la forme du Gouvernement.

§. VII. En effet, ce seroit anéantir tout Gouvernement que de le faire dépendre du caprice ou de l'inconstance des Peuples. Il seroit impossible que l'Etat pût prendre quelque consistence au milieu de ces révolutions continuelles, qui l'exposeroient à périr mille fois; car ou il faut convenir que les Peuples ne peuvent point déposséder leurs Souverains, ni changer la forme du Gouvernement, sans des raisons considérables & importantes, ou il faut leur accorder une liberté sans bornes à cet égard.

§. VIII. Certainement c'est une maxime incontestable, que ce qui sappe les fondemens de toute autorité, ce qui emporte avec soi la ruine de toute puissance, & par conséquent de toute Société, ne sçauroit être admis comme un principe de raisonnement ou de conduite dans la Politique.

§. IX. La loi de la convenance est ici de la dernière force. Que diroit-on d'un Mineur qui voudroit sans autre raison que celle de son caprice, se soustraire à son Curateur ou le changer à son gré ? Il en est ici tout de même, c'est avec raison que les Politiques comparent les Peuples à des Mineurs; ils ne sont ni les uns ni les autres en état de se gouverner eux-mêmes, il faut qu'ils se donnent des Maîtres, & cette même nécessité leur défend de se soustraire sans raison à leur autorité, ou de changer la forme du Gouvernement.

§. X. Mais ce n'est pas seulement la loi de la convenance qui ne permet pas que les Peuples s'élèvent sans raison contre leurs Souverains, ou contre le Gouvernement ; la loi de la Justice leur défend la même chose.

§. XI. Le Gouvernement & la Souveraineté s'établissent par une convention réciproque entre ceux qui gouvernent & ceux qui sont gouvernés, & la loi naturelle de la Justice veut que l'on soit fidéle à ses engagemens : il est donc du devoir des Peuples de tenir la parole qu'ils ont donnée au Souverain, d'observer religieusement leur contrat aussi long-tems que le Souverain s'acquitte de son côté de ses engagemens.

§. XII. Autrement les Peuples feroient une injustice manifeste au Souverain, en le privant d'un droit qui lui est légitimement acquis, dont il n'a pas abusé à leur préjudice, & de la perte duquel ils ne sçauroient le dédommager d'ailleurs.

§. XIII. Mais que faut-il penser d'un Souverain qui, loin de bien user de son autorité, maltraite ses Sujets, qui néglige les intérêts de l'Etat, qui en renverse les loix fondamentales, qui épuise le Peuple par des impôts excessifs qu'il consume en dépenses folles & inutiles, &c. La personne d'un tel Souverain doit-elle être sacrée aux Sujets ? Doivent-ils souffrir patiemment toutes ses injustices, ou peuvent-ils se soustraire à son autorité ?

§. XIV. Pour répondre à cette question qui est une des plus délicates de la Politique, je remarque d'abord que des Sujets mécontens, mutins ou séditieux, veulent souvent faire passer pour des injustices de leur Souverain des choses au fond très-innocentes. Le peuple murmure souvent des impôts les plus nécessaires ; d'autres cherchent à détruire le Gouvernement, parce qu'ils n'ont point de part aux affaires : en un mot les plaintes des Sujets marquent plus souvent la mauvaise humeur & l'esprit séditieux de ceux qui les font, que des desordres réels du Gouvernement, ou l'injustice de ceux qui gouvernent.

§. XV. Il seroit à souhaiter pour la gloire des Souverains, que les plaintes des Sujets n'eussent jamais de fondemens plus légitimes ; mais l'histoire & l'expérience nous apprennent qu'elles ne sont souvent que trop bien fondées. Dans ces circonstances quel est donc le devoir des Sujets ? Doivent-ils tout souffrir patiemment, ou peuvent-ils résister à leur Souverain ?

§. XVI. Il faut distinguer entre un abus extrême de la Souveraineté, qui dégénère manifestement & ouvertement en tyrannie, & qui va à la ruine entière des Sujets; & un abus qui n'est que médiocre & tel qu'on peut l'attribuer à la foiblesse humaine, plutôt qu'à une intention déterminée de ruiner la liberté & le bonheur des peuples.

§. XVII. Au premier cas, j'estime que les Peuples sont toujours en droit de résister à leur Souverain, & même de reprendre la Souveraineté qu'ils lui ont confiée, dont il abuse avec excès; mais si l'abus n'est que médiocre, il est du devoir des peuples de souffrir quelque chose, plutôt que de s'élever par la force contre leur Souverain.

§. XVIII. Cette distinction est fondée sur la nature de l'homme, & sur la nature & la fin du Gouvernement. Il faut que les peuples supportent patiemment les injustices légères de leurs Souverains ou l'abus médiocre qu'ils font de leur pouvoir, parce que c'est là un juste support qui est dû à l'humanité : c'est à cette condition qu'ils l'on revêtu de l'autorité suprême : ils sont hommes comme les autres, c'est-à-dire, sujets à se tromper & à manquer en quelque chose à leur devoir : c'est ce que les peuples ne peuvent ignorer ; c'est sur ce pied-là qu'ils ont traité avec leurs Souverains.

§. XIX. Si pour les moindres fautes, les peuples étoient en droit de résister à leurs Souverains ou de les révoquer, il n'y en a point qui pussent tenir, & la Société en seroit continuellement ébranlée, ce qui iroit directement contre le but & l'établissement même du Gouvernement & de la Souveraineté.

§. XX. Il est donc juste de souffrir patiemment les fautes supportables des Souverains, & d'avoir égard à l'emploi pénible & élevé dont ils sont revêtus pour notre conservation. TACITE (1) dit très-bien : " Il faut supporter le luxe & l'avarice „ des Souverains, comme on fait les années „ de stérilité, les orages & les autres déréglemens de la nature. Il y aura des vices „ tant qu'il y aura des hommes : mais le „ mal n'est pas continuel, & on en est dédommagé par le bien qui arrive de temps „ en temps.

(1) *Quomodo sterilitatem aut nimios imbres, & cætera naturæ mala, ita luxum vel avaritiam Dominantium tolerate. Vitia erunt, donec homines, sed neque hæc continua, & meliorum interventu pensantur.* Hist. Lib. IV. C. 74. N. 4.

§. XXI. Mais si le Souverain pousse les choses à la dernière extrémité, que sa tyrannie soit insupportable, & qu'il paroisse évidemment qu'il a formé le dessein de ruiner la liberté de ses sujets; alors on est en droit de se soulever contre lui, & même de lui arracher des mains le dépôt sacré de la Souveraineté.

§. XXII. C'est ce que je prouve, 1°. par la nature de la tyrannie, qui par elle-même dégrade le Souverain de sa qualité. La Souveraineté suppose toujours une puissance bienfaisante. Il faut à la vérité donner quelque chose à la foiblesse inséparable de l'humanité; mais au-delà, & lorsque les peuples se trouvent réduits à la dernière extrémité, il n'y a plus de différence entre la tyrannie & le brigandage; l'un ne donne pas plus de droit que l'autre, & l'on peut toujours légitimement opposer la force à la violence.

§. XXIII. 2°. Les hommes ont établi la Société civile & le Gouvernement pour leur plus grand bien, pour se retirer des troubles & se délivrer des maux de l'Etat de nature; mais il est de la dernière évidence que si les peuples étoient dans l'obligation de tout souffrir de leurs Souverains,

& de ne résister jamais à leurs violences, ils se trouveroient réduits dans un état beaucoup plus fâcheux que n'étoit celui dont ils ont voulu se mettre à couvert en établissant la Souveraineté. Certainement on ne sçauroit jamais présumer raisonnablement que telle ait été l'intention des hommes.

§. XXIV. 3°. Un peuple même qui s'est soumis à une Souveraineté absolue, n'a pas pour cela perdu le droit de se mettre en liberté, ou de penser à sa conservation lorsqu'il se trouveroit réduit à la dernière misére. La Souveraineté absolue en elle-même, n'est autre chose que le pouvoir absolu de faire du bien ; or le pouvoir absolu de procurer le bien de quelqu'un, & le pouvoir absolu de le perdre à sa fantaisie, n'ont ensemble aucune liaison. Concluons donc que jamais aucun peuple n'a eu intention de se soumettre à un Souverain, jusqu'à ne pouvoir jamais lui résister, pas même pour sa propre conservation.

§. XXV. Supposé, dit GROTIUS (2), „ qu'on eût demandé à ceux qui les pre-

(2) Lib. I. Chap. 4. §. 7. N. 2.

„ miers ont formé des loix civiles, s'ils „ prétendoient imposer à tous Citoyens la „ dure nécessité de mourir plutôt que de „ prendre les armes pour se défendre con- „ tre l'injuste violence de leur Souverain ; „ je ne sçai s'ils auroient répondu qu'oui. „ Il y a plutôt lieu de croire qu'ils auroient „ déclaré qu'on ne devoit pas tout souffrir, „ si ce n'est peut-être quand les choses se „ trouvent tellement disposées, que la ré- „ sistance causeroit infailliblement de très- „ grands troubles dans l'Etat, ou tour- „ neroit à la ruine d'un très-grand nombre „ d'innocens ».

§. XXVI. Nous avons même prouvé ci-dessus (3), que personne ne peut renoncer à sa liberté jusques-là : ce seroit vendre sa propre vie, celle de ses enfans, sa religion, en un mot tous ses avantages : ce qui certainement n'est pas au pouvoir de l'homme. On peut illustrer cette matière par la comparaison d'un malade & de son Médecin.

§. XXVII. Si donc un peuple a toujours le droit de résister à la tyrannie manifeste d'un Prince, même absolu, à plus forte

(3) *Part. I. Chap. 7. N. 22. & suiv.*

raison

raison aura-t-il le même pouvoir à l'égard d'un Prince qui n'a qu'une Souveraineté restreinte & limitée, s'il veut empiéter sur ce qui ne lui appartient pas (4).

§. XXVIII. Il faut effectivement souffrir patiemment les caprices & les duretés de nos Maîtres, aussi-bien que la mauvaise humeur de nos pères & mères ; mais, comme dit Senèque, « quoiqu'on doive obéir » à un père en toutes choses, on n'est point » tenu de lui obéir, quand ce qu'il com» mande est tel qu'en le commandant, il » cesse par là même d'être père.

§. XXIX. Mais il faut bien remarquer ici, que lorsque nous disons que le peuple est en droit de résister à un Tyran ou même de le déposer, on ne doit pas entendre par le peuple la vile populace ou la canaille du pays, ni une cabale d'un petit nombre de séditieux, mais bien la plus grande & la plus saine partie des sujets de tous les ordres du Royaume. Il faut encore, comme nous l'avons dit, que la tyrannie soit notoire & de la dernière évidence.

§. XXX. Disons encore qu'à parler à la

(4) Voyez *Grot. D. de la G. & de la P. Liv. I. Chap. IV. §. 8.*

rigueur, les sujets ne sont pas obligés d'attendre que le Prince ait entiérement forgé les fers qu'il leur prépare, & qu'il les ait mis dans l'impuissance de lui résister ; il suffit pour qu'ils soient en droit de penser à leur conservation & de prendre des suretés contre leur Souverain, que toutes ses démarches tendent manifestement à les opprimer, & qu'il marche, pour ainsi dire, enseignes déployées à la ruine de l'Etat.

§. XXXI. Ce sont là des vérités de la dernière importance ; il est très à propos qu'on les connoisse, non seulement pour la sureté & le bonheur des Nations, mais encore pour l'avantage des Rois qui sont bons & sages.

§. XXXII. Ceux qui connoissent bien la fragilité de la nature humaine, se défient toujours d'eux-mêmes, & souhaitant uniquement de s'acquitter de leur devoir, ils voient sans peine que l'on mette des bornes à leur autorité, & qu'on les empêche par ce moyen de faire ce qu'il ne doivent pas. Instruits par la raison & par l'expérience, que les peuples aiment la paix & l'équité d'un bon Gouvernement, ils ne craindront jamais un soulevement général tant qu'ils auront soin de gouverner avec modération,

& d'empêcher leurs Officiers de commettre des injustices.

§. XXXIII. Cependant les partisans du despotisme & de l'obéissance passive, font ici plusieurs difficultés.

PREMIERE OBJECTION. La révolte contre une Puissance suprême, renferme une contradiction : car si cette puissance est suprême, elle n'a point de supérieur ; par qui donc sera-t-elle jugée ? Si le peuple est toujours souverain, il n'a pas cédé son droit : ou s'il l'a cédé, il n'en est plus le maître.

RÉPONSE. Cette difficulté suppose ce qui est en question ; sçavoir, que les peuples se sont tellement dépouillés de leur liberté, qu'ils ayent donné plein pouvoir au Souverain de les traiter bien ou mal, sans s'être réservé en aucun cas le droit de lui résister ; c'est ce qu'aucun peuple n'a jamais fait ni n'a pu faire. Il n'y a donc ici nulle contradiction ; un pouvoir donné pour une certaine fin est limité par cette fin même. La puissance suprême n'en reconnoît aucune au-dessus d'elle, tant que le Souverain n'est point déchu de sa qualité ; mais s'il dégénère en Tyran, il ne peut plus se prévaloir d'un droit qu'il a perdu par sa faute.

§. XXXIV. SECONDE OBJECTION. Mais qui jugera si le Prince s'acquitte bien de ses fonctions, ou s'il gouverne tyranniquement? Le peuple peut-il être juge dans sa propre cause?

RÉPONSE. C'est sans contredit à ceux qui ont donné à quelqu'un un certain pouvoir qu'il n'avoit pas par lui-même, à juger si celui qui en est revêtu, s'en sert conformément à la fin pour laquelle il lui a été confié.

§. XXXV. TROISIÉME OBJECTION. On ne sçauroit, sans imprudence, donner au peuple ce droit de jugement. Les affaires politiques ne sont point à la portée du commun peuple; elles sont quelquefois si délicates, que les personnes mêmes les plus éclairées ne sont pas toujours en état d'en juger surement.

RÉPONSE. Dans les cas douteux ou embarrassés, la présomption doit toujours être en faveur du Souverain, & les sujets n'ont d'autre parti à prendre que celui de l'obéissance; ils doivent même supporter patiemment un abus médiocre de la Souveraineté: mais dans les cas d'une tyrannie ouverte & manifeste, il n'y a personne qui ne soit en état de juger si on le maltraite avec excès ou non.

§. XXXVI. QUATRIÉME OBJECTION. Mais n'est-ce pas exposer l'Etat à des révolutions perpétuelles, à l'anarchie & à une ruine certaine, que de faire dépendre l'autorité suprême du jugement des particuliers, & d'accorder aux peuples la liberté de s'élever quelquefois contre leurs Souverains ?

RÉPONSE. L'objection auroit quelque force, si nous prétendions que les peuples fussent en droit de s'élever contre leurs Souverains, ou de changer la forme du Gouvernement suivant leur légèreté ou leur caprice, ou même pour un abus médiocre de la Souveraineté ; mais il n'y a rien à craindre tant que les peuples n'useront de ce droit que nous leur accordons, qu'avec toutes les précautions, & dans les circonstances que nous avons supposées. D'ailleurs l'expérience nous apprend qu'il est très-difficile de porter un peuple à changer le Gouvernement auquel il est accoutumé. Les peuples supportent volontiers, non seulement les fautes légères de ceux qui les gouvernent, mais même de très-grandes.

§. XXXVII. Notre hypothèse n'est pas plus propre qu'une autre, à faire naître des troubles dans l'Etat ; car enfin un peuple maltraité par un despotisme tyrannique, se rébellera aussi fréquemment qu'un peuple qui vit sous certaines loix, qu'il ne veut pas souffrir que l'on viole. Que l'on élève les Rois tant qu'on voudra, qu'on dise les choses les plus magnifiques de leurs personnes sacrées ; les peuples réduits à la dernière misère fouleront aux pieds ces belles raisons, dès qu'ils pourront le faire avec quelque apparence de succès.

§. XXXVIII. Enfin, quand même les peuples pourroient abuser de la liberté que nous leur donnons, il y auroit encore beaucoup moins d'inconvéniens, que de permettre tout impunément aux Souverains, & de souffrir que toute une Nation périsse, plutôt que de lui accorder le pouvoir de réprimer l'injustice de ses Gouverneurs.

CHAPITRE VIII.

Des devoirs des Souverains.

§. I. IL y a, pour ainsi dire, un commerce & un retour naturel, des devoirs des Sujets au Souverain, & du

Souverain aux Sujets. Il faut donc après avoir parlé des premiers, dire quelque chose des seconds.

§. II. Tout ce que l'on a expliqué jusqu'ici de la nature de la Souveraineté, de sa dernière fin, de son étendue & de ses bornes, fait déja assez sentir quels sont les principaux devoirs des Souverains : mais comme cette matière est de la dernière importance, il est nécessaire de dire là-dessus quelque chose de plus particulier, & d'en rassembler ici, comme dans un tableau, les principaux chefs.

§. III. Plus la place que les Souverains occupent, les met au-dessus des autres hommes, plus aussi leurs devoirs sont importans. S'ils peuvent faire beaucoup de bien, ils peuvent aussi faire beaucoup de mal ; c'est de leur bonne ou de leur mauvaise conduite que dépend le bonheur ou le malheur d'une Nation, d'un Peuple entier. Quelle heureuse place que celle qui fournit dans tous les instans l'occasion à un homme de faire du bien à tant de milliers d'hommes ! mais aussi quel dangereux poste que celui qui expose à tous momens à faire le malheur d'un million d'hommes ! Il y a plus encore, les biens que font les Princes s'étendent quelquefois jusques dans les tems les plus éloignés : les maux qu'ils font se multiplient de génération en génération, jusques à la postérité la plus reculée. Cela fait bien sentir l'importance de ces devoirs.

§. IV. Pour bien connoître les devoirs des Souverains, il ne faut que considérer avec un peu d'attention la nature & le but des Sociétés civiles, & l'exercice des différentes parties de la Souveraineté.

§. V. 1°. Le premier devoir général des Princes, & qui est un préalable absolument indispensable, c'est de s'instruire avec soin de tout ce qui est nécessaire, pour avoir une exacte connoissance de leurs engagemens : car une personne ne peut bien s'acquiter d'une chose qu'il ne sçait pas.

§. VI. Ce seroit se tromper grossiérement que de croire que la science du Gouvernement soit une chose facile; rien au contraire n'est plus difficile, si l'on veut bien s'en acquiter. Quelques talens, quelque génie que l'on ait reçu de la nature, elle demande un homme tout entier; parce que le métier le plus difficile, est de faire dignement celui de Roi. Les régles générales pour bien gouverner, sont en petit nombre, mais la difficulté est d'en faire une juste application aux tems & aux circonstances, de les modifier à propos ; & cela demande les plus grands efforts de l'application & de la prudence humaine.

§. VII. 2°. Un Prince qui sera une fois bien convaincu de l'obligation où il est, de s'instruire avec la dernière exactitude, de tout ce qui lui est nécessaire, & de la difficulté qu'il y a de perfectionner cette instruction, commencera d'abord par écarter tous les obstacles qui pourroient s'y opposer ; & premièrement, il est absolument nécessaire qu'un Prince ne s'abandonne pas aux plaisirs frivoles, aux vaines occupations & aux divertissemens, qui seroient un grand obstacle à la connoissance & à la pratique de ses devoirs. Ensuite, il doit mettre tout en usage pour avoir auprès de lui des personnes sages, prudentes & expérimentées : & éloigner au contraire avec soin les flateurs, les bouffons, & autres gens dont tout le mérite ne consiste que dans les choses frivoles, & entiérement indignes de l'attention d'un Souverain. Les Princes ne doivent pas choisir pour leurs favoris, les personnes qui sont les plus propres à les divertir, mais ceux qui sont les plus capables de bien conduire l'Etat.

§. VIII. Sur toutes choses, ils ne sçauroient trop prendre de précautions pour se garantir des flateurs & de la flaterie. Il n'y a nulle condition humaine qui ait un si grand besoin d'avertissemens vrais & sincères que celle des Rois. Cependant les Princes, gâtés par la flaterie, trouvent sec & austére tout ce qui est libre & ingénu : ils deviennent si délicats, que tout ce qui n'est pas flaterie les blesse & les irrite; mais rien n'est plus à craindre pour eux que cette même flaterie, & il n'y a point de malheurs dans lesquels les insinuations empoisonnées des flateurs ne puissent les précipiter. Au contraire, un Prince est trop heureux quand il naît un seul homme sous son régne, avec cette générosité qui le porte à lui parler avec franchise; un tel homme est le thrésor le plus précieux de l'Etat : les Princes sages & qui ont à cœur leurs véritables intérêts doivent se dire continuellement que les flateurs ne regardent qu'à eux-mêmes, & non à leur maître, au lieu qu'un Conseiller sincère s'oublie, pour ainsi dire, lui-même & ne pense qu'à l'avantage de son Prince.

§. IX. 3°. Il faut qu'un Prince s'attache avec toute l'application possible à bien connoître la constitution de l'Etat & le naturel des sujets: il ne doit pas s'en tenir là-dessus à une connoissance générale & superficielle ; il faut qu'il entre dans le détail, qu'il examine avec soin quelle est la forme de l'Etat, quel est son établissement & sa portée ; s'il est ancien ou nouveau, successif ou électif, acquis par les loix ou par les armes ; quelle est son étendue, quelles sont ses forces, quels sont ses voisins, quels moyens & quelles ressources il a par lui-même : car selon toutes ces circonstances, il faut différemment manier le sceptre & lâcher ou serrer les rênes de la domination.

§. X. 4°. Ensuite les Souverains doivent sur tout se former aux vertus les plus nécessaires pour soutenir le poids d'un emploi aussi important, & pour régler toute leur conduite d'une maniére qui soit digne de leur rang & de leur dignité.

§. XI. Nous avons vu ci-devant, que la vertu en général consiste dans cette force de notre ame, qui nous met en état non seulement de consulter dans toutes les occasions la droite raison, mais encore d'en suivre les conseils avec facilité,

& de résister avec efficace à tout ce qui pourroit nous déterminer au contraire. Cette seule idée de la vertu suffit pour faire sentir combien elle est nécessaire à tous les hommes : mais entre tous les hommes, il n'y en a point qui ayent plus de devoirs à remplir, & qui soient exposés à de plus grandes tentations que les Souverains ; il n'y a aussi personne à qui le secours de la vertu soit plus nécessaire. D'ailleurs, la vertu dans les Princes a encore cet avantage, c'est qu'elle est le moyen le plus sûr qu'ils puissent mettre en usage, pour rendre leurs sujets eux-mêmes, sages & vertueux : ils n'ont pour cela qu'à se montrer tels eux-mêmes : l'exemple du Prince a plus de force que la loi : c'est, pour ainsi dire, une loi vivante, qui a plus de crédit que le commandement. Entrons dans quelque détail.

§. XII. Les vertus qui sont les plus nécessaires au Souverain, sont 1°. la *Piété*, qui est sans contredit le fondement de toutes les autres vertus ; mais il faut que ce soit une piété solide, éclairée, exempte de superstition & de bigoterie. Dans le haut degré où se trouvent le Souverains, le seul motif qui peut avec quelque sureté les porter à s'acquiter de tous leurs devoirs, c'est la crainte de DIEU. Sans cela, ils se laisseroient bientôt aller à tout ce que les passions leur inspireroient, & les peuples deviendroient les victimes innocentes de leur orgueil, de leur ambition, de leur avarice & de leur cruauté. Au contraire, l'on peut tout espérer d'un Prince qui, rempli des sentimens de la religion, craint & respecte la Divinité, comme un *Etre suprême* duquel il dépend, & à qui il doit un jour rendre compte de la maniére dont il aura gouverné. Rien n'est plus propre à engager les Princes à s'acquitter de leurs devoirs & à les guérir de la prévention dangereuse par laquelle ils croient qu'étant au dessus des autres hommes, ils peuvent agir en Dominateurs absolus, comme s'ils ne dépendoient de personne, & qu'ils n'eussent point à rendre compte de leur conduite, & à être jugés à leur tour, après avoir jugé les autres.

§. XIII. 2°. L'Amour de la *Justice* & de l'*Equité*. Le Souverain est établi principalement pour faire rendre à chacun ce qui lui appartient. Cela doit l'engager, non seulement à étudier la science de ces grands Jurisconsultes, qui remonte jusqu'à la première Justice, qui fait la régle de la la Société humaine, & qui détermine les principes du Gouvernement & de la politique; mais encore la science du droit, qui descend aux affaires des Particuliers, On laisse ordinairement cette partie pour l'instruction des gens de robe, & on la rejette de celle des Princes, quoiqu'ils ayent à donner des arrêts tous les jours, sur la fortune, sur la liberté, sur la vie, sur l'honneur & la réputation de leurs sujets. On parle continuellement aux Princes, de la valeur & de la libéralité : mais si la justice ne sert pas de régle à ces deux qualités, elles dégénèrent dans les vices les plus odieux. Sans la justice, la valeur ne fait plus que détruire, & la libéralité n'est plus qu'une folle dissipation. La justice tient tout dans l'ordre, elle contient dans les bornes celui qui la rend, aussi bien que ceux à qui elle est rendue.

§. XIV. 3°. La *Valeur* : mais il faut qu'elle soit mise en mouvement par la justice, & conduite par la prudence. Il faut qu'un Prince sçache courir au milieu des plus grands périls, toutes les fois qu'il est utile qu'il le fasse. Il se deshonore encore plus, en évitant les dangers dans les combats, qu'en n'allant jamais à la guerre. Il ne faut point que le courage de celui qui commande aux autres, puisse être douteux ; mais aussi il ne faut pas chercher les périls sans nécessité. La valeur ne peut être une vertu, qu'autant qu'elle est réglée par la prudence, autrement c'est un mépris insensé de la vie, c'est une ardeur brutale. La valeur emportée n'a rien de sûr. Celui qui ne se posséde point dans les dangers, est plutôt fougueux que brave : s'il ne fuit point, du moins il se trouble ; il perd la liberté de son esprit, qui lui seroit nécessaire pour donner de bons ordres, pour profiter des occasions & pour renverser les ennemis. Le vrai moyen de trouver la gloire, c'est d'attendre tranquillement l'occasion favorable. La vertu se fait d'autant plus révérer, qu'elle se trouve plus simple, plus modeste, plus ennemie de tout faste. C'est à mesure que la nécessité de s'exposer aux périls augmente, qu'il faut aussi de nouvelles ressources de prévoyance & de courage, qui aillent toujours en augmentant.

§. XV. 4°. Une autre vertu, très-nécessaire aux Princes, c'est d'être fort réservés à découvrir leurs desseins & leurs pensées. Cette vertu est manifestement nécessaire à ceux qui se mêlent du Gouvernement : elle renferme une sage défiance & une dissimulation innocente.

§. XVI. 5°. Il faut sur tout qu'un Prince s'accoutume à modérer ses desirs. Ayant en main de quoi les satisfaire, si une fois il leur lâche la bride, il se portera aux derniers excès ; & à force de détruire ses peuples, il se détruira enfin lui-même. Pour se former à cette modération, rien n'est plus nécessaire & plus utile que de s'exercer à la patience : c'est la plus nécessaire de toutes les vertus pour ceux qui doivent commander. Il faut être patient pour devenir maître de soi & des autres : l'impatience qui paroît une force & une vigueur de l'ame, n'est qu'une foiblesse & une impuissance de souffrir la peine. Celui qui ne sçait pas attendre & souffrir, est comme celui qui ne sçait pas se taire sur un secret : l'un & l'autre manque de fermeté pour se soutenir. Plus un homme impatient a de puissance, plus son impatience lui est funeste : il n'attend rien, il ne se donne le tems de rien mesurer, il force toutes choses pour se contenter, il rompt les branches pour cueillir les fruits avant qu'ils soient

soient meurs, il brise les portes plutôt que d'attendre qu'on les lui ouvre.

§ XVII. 6°. La *Bonté* & la *Clémence* sont aussi des vertus bien nécessaires à un Prince ; son office est de faire du bien, c'est pour cela qu'il a la puissance en main, c'est aussi principalement par là qu'il doit se distinguer.

§. XVIII. 7°. La libéralité bien entendue & bien appliquée est d'autant plus essentielle à un Prince, que l'avarice est honteuse à celui à qui il ne coûte presque rien d'être libéral. A le bien prendre, un Roi, en tant que Roi, n'a rien à lui, car il se doit lui-même aux autres ; mais aussi personne ne doit être plus soigneux de bien régler l'exercice de cette noble vertu. Cela demande beaucoup de circonspection, & suppose d'ailleurs dans le Prince un juste discernement, un bon goût, qui sçache placer à propos & dispenser comme il faut les bienfaits ; sur tout il en doit faire usage pour récompenser le mérite & la vertu.

§. XIX. Mais la libéralité a ses bornes ; dans les Princes même les plus opulens ; on peut comparer l'Etat à une famille. Le défaut de prévoyance, la disſipation des finances, & l'inclination voluptueuſe des Princes, qui en ſont les maîtres, font plus de mal que les plus habiles Miniſtres n'en peuvent réparer.

§. XX. Pour remplacer ſes thréſors, répandus ſans néceſſité & ſouvent d'une manière criminelle, il faut avoir recours à des expédiens ruineux pour leurs ſujets & pour l'Etat. On perd le cœur des peuples, & l'on cauſe des murmures & des mécontentemens toujours dangereux, & dont un ennemi peut tirer avantage; ce ſont-là des inconvéniens dont le ſimple ſens commun devroit faire appercevoir, ſi l'emportement dans les plaiſirs & l'yvreſſe du pouvoir ſouverain n'éteignoient pas ſouvent dans les Princes le flambeau de la raiſon. A quelles cruautés, à quelles injuſtices, les folles profuſions de *Néron* ne le portèrent-elles point? Une ſage œconomie, au contraire, ſupplée à ce qui manque du côté des revenus, elle maintient les familles & les Etats, elle les fait proſpérer; par elle non ſeulement les Princes ont de l'argent au beſoin, mais encore ils poſſédent le cœur de leurs ſujets, qui fourniſſent volontiers du leur dans les cas imprévus, quand ils voient qu'on les à ménagés. Le contraire arrive quand un Prince a abusé de ses thrésors.

§. XXI. Voilà une idée générale des vertus les plus nécessaires au Souverain, outre celles qui lui sont communes avec les simples particuliers, & dont quelques-unes mêmes sont comprises dans celles dont nous venons de parler. CICERON suit à peu près les mêmes idées dans le dénombrement qu'il fait des vertus royales (1).

§. XXII. C'est au moyen & par le secours des vertus dont nous venons de donner une idée, que les Souverains peuvent s'appliquer avec succès aux fonctions de leur Gouvernement, & en remplir les différens dévoirs. Disons quelque chose de plus particulier sur l'exercice actuel de ces devoirs.

§. XXIII. Il y a une régle générale qui renferme tous les devoirs du Souverain, & au moyen de laquelle il peut aisément juger de tout ce qu'il doit faire dans toutes les circonstances ; c'est que le bien du peuple doit toûjours être pour lui la souveraine loi. Cette maxime doit être le principe &

(1) *Fortem, justum, severum, gravem, magnanimum, largum, beneficum, liberalem dici, hæ sunt regiæ laudes.* Orat. pro Rege Dejotaro, Cap. IX.

le but de de toutes ses actions : on ne lui a confié l'autorité souveraine que dans cette vue, & son exécution est le fondement de son droit & de son pouvoir. Le Prince est proprement l'homme du public ; il doit, pour parler ainsi, s'oublier lui-même pour ne penser qu'à l'avantage & au bien de ceux qu'il gouverne : il ne doit regarder comme avantageux pour lui-même, que ce qui l'est pour l'Etat. C'étoit l'idée des Philosophes païens : ils définissoient un bon Prince, celui qui travaille à rendre ses sujets heureux ; & un Tyran au contraire, celui qui ne se propose que son utilité particulière.

§. XXIV. L'intérêt même des Souverains demande qu'ils rapportent toutes leurs actions au bien public ; ils gagnent par cette conduite le cœur de leurs sujets, ce qui seul peut faire leur solide bonheur & leur véritable gloire.

§. XXV. Les pays où la domination est la plus despotique sont ceux où les Souverains sont moins puissans : ils prennent tout, ils ruinent tout, ils possédent seuls tout l'Etat ; mais aussi l'Etat languit, il s'épuise d'hommes & d'argent, & cette premiére perte est la plus grande & la plus irréparable. On fait semblant de l'adorer, on trèmble à ses moindres regards : mais attendez quelque révolution ; cette puissance monstrueuse poussée jusqu'à un excès trop violent ne sçauroit durer, parce qu'elle n'a aucune ressource dans les cœurs du peuple. Au premier coup qu'on lui porte, l'idole tombe & elle est foulée aux pieds. Le Roi qui dans sa prospérité ne trouvoit pas un seul homme qui osât lui dire la vérité, ne trouvera dans son malheur aucun homme qui daigne ni l'excuser ni le défendre contre ses ennemis. Il est donc également & du bonheur des Peuples & de l'avantage des Souverains, que ces derniers ne suivent d'autre régle dans leur manière de gouverner que celle du bien public.

§. XXVI. Il n'est pas difficile de déduire de cette régle générale les régles particulières. Les fonctions du Gouvernement regardent, ou l'intérieur de l'Etat, les intérêts du dedans, ou ceux du dehors.

A l'égard du dedans le premier soin du Souverain doit être, 1°. de former ses sujets aux bonnes mœurs.

Pour cela il est du devoir du Souverain, non seulement de prescrire de bonnes loix, qui enseignent à chacun de quelle manière il doit ſe conduire pour procurer le bien public ; mais ſur tout de pourvoir de la manière la plus parfaite à l'inſtruction publique, à l'éducation de la jeuneſſe : c'eſt le ſeul moyen de faire enſorte que les ſujets ſe conforment aux loix par raiſon & par habitude, plutôt que par la crainte des peines.

§. XXVII. Le premier ſoin d'un Prince doit donc être d'établir des écoles publiques pour l'inſtruction de la jeuneſſe, & pour la former de bonne heure à la ſageſſe & à la vertu. Les jeunes gens ſont l'eſpérance & la force d'une Nation. Il n'eſt pas tems de corriger les hommes quand ils ſe ſont corrompus : il vaut infiniment mieux prévenir le mal que d'être réduit à le punir. Le Roi qui eſt le père de tout ſon peuple, eſt encore plus particuliérement le père de la jeuneſſe, qui eſt, pour ainſi dire, la fleur de la Nation : & comme c'eſt dans la fleur que ſe préparent les fruits, c'eſt auſſi un des principaux devoirs des Souverains, de veiller à l'éducation de la jeuneſſe & à l'inſtruction des citoyens, pour jetter de bonne heure dans leurs cœurs les principes de la vertu, & pour les y entretenir & les y confirmer. Ce ne ſont pas proprement les

Loix & les Ordonnances, mais les mœurs qui servent à régler l'Etat.

Quid leges sine moribus
Vana proficiunt? . . . . . . (2).

Ceux qui ont une mauvaise éducation, ne se font pas scrupule de violer les loix les plus précises, au lieu que les gens bien élevés se conforment de bon cœur, & comme d'eux-mêmes, à tous les établissemens honnêtes. Enfin rien n'est plus propre à rendre les Citoyens véritablement gens de bien, que de leur inspirer de bonne heure les principes & les maximes de la Religion chrétienne épurée de toutes les inventions humaines: car cette Religion renferme la morale la plus parfaite, & dont les maximes sont par elles-mêmes très capables de produire le bonheur de la Société.

§. XXVIII. 2°. Le Souverain doit établir de bonnes loix au sujet des affaires les plus ordinaires que les Citoyens ont ensemble; mais il faut que ces loix soient justes, équitables, claires, sans ambiguité & sans contradiction, utiles, accommodées à l'Etat

(2) *Horat. Liv. III. Od. XXIV. v. 35. 36.*

& au génie du peuple, autant du moins que le bien de l'Etat peut le permettre, & que par leur moyen on puisse aisément terminer les contestations : d'ailleurs on ne doit pas les multiplier sans nécessité.

§. XXIX. J'ai dit qu'elles doivent être *proportionnées au naturel & à l'état des Peuples*, & c'est pour cette raison que nous avons dit ci-devant, que le Souverain devoit s'instruire à fonds là-dessus : autrement l'on tomberoit nécessairement dans l'un de ces deux inconvéniens, ou que les loix ne seront point observées, & qu'il faudra punir une infinité de gens sans que l'Etat en tire aucun avantage, ou que l'autorité des loix sera méprisée, ce qui va à la ruine de l'Etat.

§. XXX. J'ai dit encore qu'on ne doit pas *multiplier les Loix sans nécessité* ; car cela ne serviroit qu'à tendre des piéges aux sujets, & à les exposer à des peines inévitables sans qu'il en revînt aucun avantage à la Société. Enfin il est encore très-important de régler ce qui regarde l'administration & les formalités de la justice, de manière que chacun puisse se faire rendre ce qui lui est dû sans perdre beaucoup de tems, & sans être obligé de faire de grandes dépenses.

§. XXXI. 3°. Il ne serviroit de rien de faire de bonnes loix, si on les laissoit violer impunément. Les Souverains doivent donc veiller à leur exécution, & punir les contrevenans sans acception de personne, selon la qualité de la faute & le dégré de malice. Il convient même quelquefois de punir d'abord sévèrement : il y a des circonstances où c'est une clémence de faire d'abord des exemples qui arrêtent le cours de l'iniquité. Mais ce qui est sur tout nécessaire, ce que la justice & le bien public exigent absolument, c'est que la sévérité des loix s'exerce non seulement envers les petits & les pauvres, mais aussi envers les grands & les riches. Il seroit injuste que le credit, la noblesse & les richesses autorisassent à insulter impunément ceux qui sont destitués de ces avantages. Le commun peuple opprimé est souvent réduit au desespoir, & se porte enfin à se soulever avec une fureur qui met l'Etat en grand danger.

§. XXXII. 4°. Les hommes ayant formé des Sociétés civiles pour se mettre à couvert des insultes & de la malice d'autrui, & pour se procurer toutes les douceurs & tous les agrémens qui peuvent rendre la vie commode & heureuse, le Souverain est obligé d'empêcher que les sujets ne se fassent du tort les uns aux autres, d'entretenir une bonne police qui garantisse du mal, & qui procure les avantages que les hommes peuvent se proposer raisonnablement. Quand les citoyens ne sont pas bien tenus en régle, leur voisinage & le commerce continuel qui est entr'eux, leur fournit aisément l'occasion de se nuire les uns aux autres; mais rien n'est plus contraire à la nature & au but du Gouvernement civil, que de permettre aux sujets de se faire justice eux-mêmes, & de tirer raison par voie de fait du tort qu'ils croiroient avoir reçu. Ajoutons ici un beau passage de M. DE LA BRUIERE (3). " Qe me serviroit-il, comme „ à tout le peuple, que le Prince fût heu„ reux & comblé de gloire pour lui-même „ & pour les siens, que ma patrie fût puis„ sante & formidable ; si triste & inquiet „ j'y vivois dans l'oppression ou dans l'in„ digence : si à couvert des courses de l'en„ nemi, je me trouvois exposé dans les „ places ou dans les rues d'une ville au

(3) *Caractéres & mœurs de ce siécle*, Chap. X. *du Souverain*

„ fer d'un assassin, & que je craignisse „ moins dans l'horreur de la nuit, d'être „ pillé ou massacré dans d'épaisses forêts „ que dans ses carrefours : si la sureté, „ l'ordre & la propreté ne rendoient pas le „ séjour des villes si délicieux, & n'y „ avoient pas amené avec l'abondance la „ douceur de la Société : si, foible & seul de „ mon parti, j'avois à souffrir dans ma mé-„ tairie du voisinage d'un Grand, & si l'on „ avoit moins pourvû à me faire justice de „ ses entreprises : si je n'avois pas sous ma „ main autant de Maîtres & d'excellens „ Maîtres, pour élever mes enfans dans „ les sciences ou dans les arts, qui feront un „ jour leur établissement ; si par la facilité „ du commerce, il m'étoit moins ordinaire „ de m'habiller de bonnes étoffes, & de me „ nourrir de viandes saines & de les acheter „ peu : si enfin par les soins du Prince, je „ n'étois pas aussi content de ma fortune, „ qu'il doit lui-même par ses vertus l'être „ de la sienne ?

§. XXXIII. 5°. Le Prince ne peut ni tout voir, ni tout faire par lui-même, il lui faut des aides, des Ministres : mais comme les Ministres publics tirent du Prince toute leur autorité, on lui attribue, comme à la cause première, tout ce qu'ils font de bien ou de mal. A cet égard il est donc du devoir des Souverains, de faire choix de personnes de probité & capables des emplois qu'ils leur confient : ils doivent suivre & examiner de près leur conduite, & les punir ou les récompenser suivant qu'ils le méritent. Enfin ils ne doivent jamais refuser d'écouter eux-mêmes les humbles remontrances & les plaintes de leurs sujets opprimés & foulés par les Ministres & les Magistrats subalternes.

§. XXXIV. 6°. A l'égard des subsides ou des impôts, comme les sujets ne sont obligés de les payer que quand cela est nécessaire, pour fournir aux dépenses de l'Etat, & en temps de paix & en temps de guerre, le Souverain ne doit rien exiger au-delà de ce que demandent les besoins publics, ou du moins quelque avantage considérable de l'Etat, & faire ensorte que les sujets ne soient incommodés que le moins qu'il est possible, des charges qu'on leur impose. Il faut garder une juste proportion dans la taxe de chaque particulier, & n'accorder à personne aucune exception ni immunité qui tourne au préjudice ou à l'oppression des autres. Le provenu des contributions doit être uniquement employé aux besoins de l'Etat, & non en luxe, en débauches, en folles largesses ou vaines magnificences. Il faut enfin proportionner les dépenses aux revenus.

§. XXXV. 7°. Le souverain ne peut tirer que des biens de ses sujets les revenus dont il a besoin, & les richesses des particuliers font la force de l'Etat, & l'avantage des familles & des particuliers. Un Prince ne doit donc rien négliger pour procurer la conservation & l'augmentation des biens des particuliers : pour cela, il doit faire ensorte qu'ils tirent de leurs terres & de leurs eaux tout le profit possible, & qu'ils exercent leur industrie. On doit entretenir & favoriser les arts méchaniques, & faire fleurir le négoce. Il faut encore rendre les citoyens ménagers par de bonnes loix somptuaires qui défendent les dépenses superflues, & principalement celles qui font passer aux étrangers les richesses des habitans du pays.

§. XXXVI. 8°. Enfin il est également de l'intérêt & du devoir des Souverains, de prendre garde qu'il ne se forme des factions & des cabales, d'où naissent aisément des séditions & des guerres civiles : sur tout il doit empêcher qu'aucun de ses sujets ne dépende, sous quelque prétexte que ce soit, fût-ce sous un prétexte de Religion, d'aucune autre puissance, soit au dedans soit au dehors de l'Etat, pour laquelle il ait plus de soumission que pour son légitime Souverain. Voilà en général ce qu'exige la loi du bien public pour l'intérieur de l'Etat.

§. XXXVII. Pour ce qui regarde le dehors, les principaux devoirs du Prince sont :

1°. De vivre en paix avec ses voisins autant qu'il est possible.

2°. De se ménager habilement des traités & des alliances avec ceux dont il a besoin.

3°. De garder fidélement les traités qu'il a faits.

4°. De ne pas laisser amolir le courage de ses sujets, mais au contraire de l'entretenir & de l'augmenter, par une bonne discipline.

5°. De faire de bonne heure & à propos les préparatifs nécessaires pour se mettre en état de défense.

6°. De n'entreprendre aucune guerre injuste ou téméraire.

7°. Enfin il doit être très-attentif, même en temps de paix, aux desseins & aux démarches de ses voisins.

§. XXXVIII. Nous n'en dirons pas davantage sur la matière des devoirs des Souverains; il nous suffit quant à présent d'en avoir indiqué les principes généraux, & rassemblé les principaux traits. Ce qui nous reste à dire dans la suite sur les différentes parties de la Souveraineté en particulier, en fera assez connoître les détails.

Fin de la seconde partie.

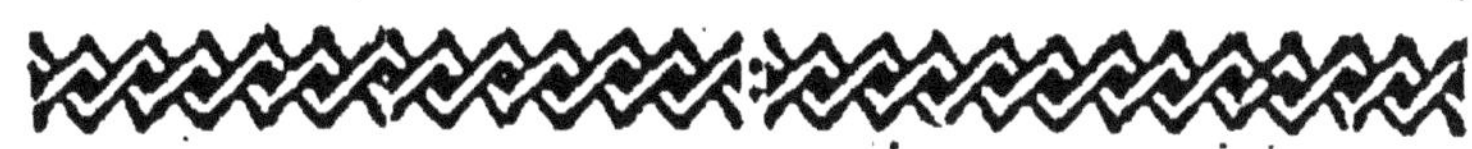

PRINCIPES DU DROIT POLITIQUE.

TROISIÈME PARTIE.

Examen plus particulier des Parties essentielles de la Souveraineté, ou des différens droits du Souverain par rapport à l'intérieur de l'Etat, tels que sont, le pouvoir législatif, le pouvoir souverain en matière de Religion, le droit d'infliger des peines, & celui que le Souverain a sur les biens renfermés dans l'Etat.

CHAPITRE PREMIER.

Du pouvoir législatif & des Loix civiles qui en émanent.

§. I. Nous avons expliqué jusqu'ici tout ce qui regarde la nature de la Société civile en général, du Gouvernement & de la Souveraineté qui

qui en est l'ame. Il ne reste, pour remplir le plan que nous nous sommes fait, que d'examiner plus particulièrement les différentes parties de la Souveraineté, tant celles qui regardent directement l'intérieur de l'Etat, que celles qui ont rapport à l'extérieur ou aux Etats étrangers, ce qui nous donnera lieu d'expliquer les principales questions qui ont rapport à ces matières; & c'est à quoi nous destinons cette troisiéme partie & la suivante.

§. II. Entre les parties essentielles de la Souveraineté, nous avons mis au premier rang le *pouvoir législatif*, c'est-à-dire, le pouvoir qu'a le Souverain de donner des loix à ses sujets, & de leur prescrire la manière dont ils doivent régler leur conduite, & c'est de ce pouvoir qu'émanent les *Loix civiles*. Comme ce droit du Souverain fait, pour ainsi dire, le fonds de la Souveraineté, il est du bon ordre de commencer par l'explication de ce qui le concerne.

§. III. Nous ne répéterons point ici ce que nous avons dit ailleurs de la nature des loix en général; mais en supposant les principes que nous avons établis là-dessus, nous nous contenterons d'examiner la nature & l'étendue du pouvoir législatif dans la Société, & celle des loix civiles & des ordonnances du Souverain qui en découlent.

§. IV. On appelle donc *Loix civiles* toutes celles que le Souverain de la Société impose à ses Sujets. L'assemblage ou le corps de toutes ces loix, c'est ce qu'on appelle *Droit civil*. Enfin la Jurisprudence civile n'est autre chose que cet art, au moyen duquel on fait les loix civiles, on les explique lorsqu'elles ont quelque obscurité, & par lequel on les applique convenablement aux actions des citoyens.

§. V. L'établissement de la Société civile devoit être un établissement fixe & perpétuel, & qui pourvût d'une manière sure au bonheur des hommes & à leur tranquillité : pour cela il falloit y établir un ordre constant, & c'est ce qui ne pouvoit se faire que par des loix fixes & bien déterminées.

§. VI. Nous avons déja remarqué, qu'il étoit nécessaire que l'on prît des mesures convenables, pour donner aux loix naturelles tout l'effet qu'elles devoient avoir afin de rendre les hommes heureux, & c'est ce que l'on exécute au moyen des loix civiles.

Car 1°. elles servent à faire connoître plus particulièrement les loix naturelles elles-mêmes.

2°. Elles leur donnent un nouveau degré de force, & en rendent l'observation plus assurée au moyen de leur sanction, & des peines que le Souverain inflige à ceux qui les méprisent & qui les violent.

3°. D'ailleurs il y a bien des choses que le droit naturel prescrit seulement d'une manière générale & indéterminée ; ensorte que le tems, la manière & l'application aux personnes & aux circonstances, sont laissées au discernement & à la prudence d'un chacun. Cependant il étoit nécessaire au bon ordre & à la tranquillité publique, que toutes ces choses fussent réglées : & c'est ce que font les loix civiles.

4°. Elles servent aussi à expliquer ce qu'il peut y avoir d'obscur dans les maximes du droit naturel.

5°. Elles modifient en diverses manières, l'usage des droits que chacun a naturellement.

6°. Enfin elles déterminent les formations que l'on doit suivre, les précautions que l'on doit prendre pour rendre efficaces & valables les différens engagemens que les hommes contractent entr'eux, & de quelle manière chacun doit poursuivre son droit en Justice.

§. VII. Ainsi pour se faire une juste idée des loix civiles, il faut dire que comme la Société civile n'est autre chose que la Société naturelle elle-même, modifiée par l'établissement d'un Souverain qui commande pour y maintenir l'ordre & la paix, de même aussi les loix civiles sont les loix naturelles elles-mêmes, perfectionnées & modifiées d'une manière convenable à l'Etat de la Société & à ses avantages.

§. VIII. Cela étant on peut fort bien distinguer deux sortes de loix civiles : les unes sont telles par rapport à leur autorité seulement, & les autres par rapport à leur origine. On rapporte à la première classe toutes les loix naturelles qui servent de régle dans les Tribunaux civils, & qui sont d'ailleurs confirmées par une nouvelle sanction du Souverain. Telles sont toutes les loix qui déterminent quels sont les crimes qui doivent être punis en Justice, quelles sont les obligations pour lesquelles on doit avoir action devant les Tribunaux, &c.

Pour les loix civiles ainsi appellées à

cause de leur origine, ce sont des loix arbitraires qui ont uniquement pour principe la volonté du Souverain, & qui supposent certains établissemens humains; ou bien qui roulent sur des choses qui se rapportent au bien particulier de l'Etat, quoiqu'indifférentes en elles-mêmes & indéterminées par le droit naturel. Telles sont les loix qui réglent les formalités nécessaires aux Contrats, aux Testamens, la manière de procéder en Justice, &c. bien entendu que tous ces réglemens doivent tendre au bien de l'Etat & des particuliers: & ainsi ce sont proprement des supplémens aux loix naturelles elles-mêmes.

§. IX. Il est très-important de bien distinguer dans les loix civiles, ce qu'elles ont de naturel & de nécessaire, de ce qui n'est qu'arbitraire. Les maximes du droit naturel, sans l'observation desquelles les citoyens ne sçauroient vivre en paix, doivent nécessairement avoir force de loi dans tous les Etats; il ne dépend pas du Prince de les laisser en arriere. Pour les autres règles du droit naturel qui n'intéressent pas si essentiellement le bonheur de la Société, il ne convient pas toujours de leur donner force de loi. L'examen des actions contraires à ces maximes, seroit souvent d'une discussion très-difficile : d'ailleurs cela donneroit lieu à une infinité de procès. Enfin il étoit convenable de laisser aux véritables gens de bien, aux cœurs généreux, l'occasion de se distinguer par la pratique des devoirs dont la violation n'emporte aucune peine devant le tribunal humain.

§. X. Ce que l'on vient de dire de la nature des loix civiles, est suffisant pour faire comprendre que quoique le pouvoir législatif soit un pouvoir *suprême*, cependant ce n'est pas un pouvoir *arbitraire*, mais qu'au contraire il se trouve limité en plusieurs manières.

1°. Et comme le Souverain tient originairement la puissance législative de la volonté de chaque membre de la Société, il est bien évident que personne ne peut conférer à autrui plus de droit qu'il n'en a lui-même ; & que par conséquent la puissance législative ne peut s'étendre au delà. Le Souverain ne peut donc ni commander ni défendre, que des choses ou des actions volontaires ou possibles.

2°. D'ailleurs les loix naturelles disposent des actions humaines antécédemment aux loix civiles, & les hommes ne sçauroient se soustraire à l'autorité des premières. Donc ces loix primitives limitent encore le pouvoir du Souverain, & il ne sçauroit rien déterminer valablement au contraire de ce qu'elles commandent ou défendent expressément.

§. XI. Mais il faut bien prendre garde de ne pas confondre ici deux choses tout-à-fait distinctes, je veux dire, *l'Etat naturel* & les *Loix de la nature.* L'état naturel & primitif de l'homme peut souffrir différens changemens, diverses modifications dont l'homme est le maître, & qui n'ont rien de contraire à ses obligations & à ses devoirs. A cet égard les loix civiles peuvent bien apporter quelques changemens à l'état naturel des hommes, & en conséquence faire quelques réglemens inconnus au droit naturel, sans que pour cela elles ayent rien de contraire aux loix naturelles, qui supposent l'état de liberté dans toute son étendue; mais qui permettent pourtant à l'homme de modifier & de restreindre cet état, de la manière qui lui paroît la plus avantageuse.

§. XII. Cependant nous sommes bien éloignés d'approuver la pensée de ces Politiques, * qui prétendent qu'il n'est

* *Hobbès.*

pas possible que les loix civiles soient contraires au droit naturel; *parce* (disent-ils) *qu'il n'y a rien de juste ou d'injuste avant leur établissement*. Ce que nous venons de dire, & les principes que nous avons établis dans tout le cours de cet ouvrage, font assez sentir le peu de fondement de cette opinion.

§. XIII. Il est aussi ridicule de soutenir qu'avant l'établissement des loix civiles & de la Société, il n'y eût aucune régle de justice à laquelle les hommes fussent assujettis, que si l'on prétendoit que la volonté & la droiture dépendent de la volonté des hommes, & non pas de la nature même des choses. Il auroit même été impossible aux hommes de fonder des Sociétés qui pussent se maintenir, si antécédemment à ces Sociétés, il n'y avoit eu ni justice, ni injustice, & si l'on n'avoit été persuadé, au contraire, qu'il étoit juste de tenir sa parole, & injuste d'y manquer.

§. XIV. Telle est en général l'étendue du pouvoir législatif & la nature des loix civiles, au moyen desquelles ce pouvoir se développe. Il en résulte que toute la force des loix civiles consiste en ces deux choses, sçavoir dans leur *Justice* & dans leur *Autorité*.

§. XV. L'autorité dès loix consiste dans la force que leur donne la puissance de celui qui, étant revêtu du pouvoir législatif, a droit de faire ces loix, & dans l'ordre de Dieu, qui commande de lui obéïr. Pour la justice des loix civiles, elle dépend de leur rapport à l'ordre de la Société, dont elles sont les régles, & de leur convenance avec l'utilité particulière, qui se trouve à les établir, selon que les tems & les lieux le demandent.

§. XVI. Et puisque la Souveraineté, le droit de commander, a pour fondement naturel une *Puissance bienfaisante*, il s'ensuit nécessairement que l'*Autorité* & la *Justice* des loix sont deux caractères essentiels à leur nature, & au défaut desquels elle ne sçauroit produire une véritable obligation. La puissance du Souverain fait l'autorité de ses loix, & sa bénéficence ne lui permet pas d'en faire d'injustes.

§. XVII. Quelque certains & incontestables que soient ces principes généraux, il faut cependant prendre garde de n'en pas abuser dans l'application. Il eſt ſans doute eſſentiel à toute loi, qu'elle ſoit juſte & équitable ; mais il ne faut pas conclure de là que les particuliers ſoient en droit de refuſer d'obéïr aux Ordonnances du Souverain, ſous prétexte qu'ils ne les trouvent pas tout-à-fait juſtes. Car outre qu'il faut donner quelque choſe à la foibleſſe inſéparable de l'humanité, le ſoulevement contre la Puiſſance légiſlative, qui fait toute la ſureté de la Société, va au renverſement de la ſociété ; & les ſujets ſont dans l'obligation de ſouffrir les inconvéniens qui peuvent réſulter de quelques loix injuſtes, plutôt que d'expoſer par leur rébellion l'Etat à être renverſé.

§. XVIII. Mais ſi l'abus de la Puiſſance légiſlative alloit juſqu'à l'excès, & au renverſement des principes fondamentaux des loix naturelles, & des devoirs qu'elles impoſent, il n'y a nul doute que dans ces circonſtances les ſujets autoriſés par l'exception des loix divines, ne fuſſent en droit, & même dans l'obligation, de refuſer d'obéïr à des loix de cette nature.

§. XIX. Ce n'eſt pas aſſez : afin que les loix impoſent une véritable obligation, qu'elles ſoient juſtes & équitables, il faut encore que les sujets en ayent une parfaite connoissance. Cependant les sujets ne sçauroient connoître par eux-mêmes les loix civiles, du moins dans ce qu'elles ont d'arbitraire : elles sont à cet égard comme des faits que l'on peut ignorer. Le Souverain doit donc publier ces loix, & il doit exercer la justice, non par des décrets arbitraires & formés sur le champ, mais par des loix bien établies & duëment notifiées.

§. XX. Ces principes nous fournissent une réfléxion importante pour les Souverains. Puisque la première qualité de la loi, est qu'elle soit connue, les Souverains doivent les publier de la manière la plus claire. En particulier, il est absolument nécessaire que les loix soient écrites dans la langue du pays : il seroit même convenable qu'on ne se servît pas d'une langue étrangère dans les écoles de Jurisprudence. Car que peut-on concevoir de plus contradictoire avec le principe, qui veut que les loix soient parfaitement connues, que de se servir de loix étrangères, écrites dans une langue morte, inconnue au commun des hommes, & de faire enseigner ces loix dans la même langue ? On ne sçauroit s'empêcher de le dire ; c'est là un reste de barbarie, également contraire à la gloire des Souverains & à l'avantage des sujets.

§. XXI. Si donc on suppose les loix civiles accompagnées des conditions dont nous venons de parler, elles ont sans contredit la force d'obliger les sujets à leur observation. Chaque particulier est tenu de se soumettre à leurs réglemens, tant qu'ils ne renferment rien de manifestement contraire aux loix divines, soit naturelles, soit révélées ; & cela, non seulement par la crainte des peines, qui sont attachées à leur violation, mais encore par principe de conscience, & en vertu d'une maxime même du droit naturel, qui ordonne d'obéir aux Souverains en tout ce que l'on peut faire sans crime.

§. XXII. Pour bien comprendre cet effet des loix civiles, il faut remarquer que l'obligation qu'elles imposent, s'étend non-seulement sur les actions extérieures, mais encore jusques sur l'intérieur de l'homme, sur les pensées de son esprit & les sentimens de son cœur. Le Souverain en prescrivant des loix à ses sujets, se propose de les rendre véritablement sages & vertueux. S'il commande une bonne action, il veut que ce soit par principe qu'on l'exécute ; & lorsqu'il défend un crime, il ne défend pas seulement l'action extérieure, mais il défend même d'en concevoir la pensée, d'en former le dessein.

§. XXIII. En effet, l'homme étant par sa nature, un être intelligent & libre, il ne se porte à agir qu'en conséquence de ses jugemens, par une détermination de sa volonté, & par un principe intérieur. Or cela étant, le moyen le plus efficace que le Souverain puisse employer pour procurer le bonheur & la tranquillité publique, c'est de travailler sur l'intérieur, sur le principe des actions humaines, en formant l'esprit & le cœur des sujets à la sagesse & à la vertu.

§. XXIV. Aussi est-ce dans cette vue & pour cette fin que sont formés tous les établissemens publics pour l'éducation de la jeunesse ; toutes les écoles publiques & tous les Docteurs qui y enseignent, sont établis pour cela. Le but de tous ces établissemens, c'est d'éclairer les hommes, de les instruire & de leur inspirer de bonne heure les régles d'une vie sage & honnête. Ainsi le Souverain a par l'instruction un moyen très-efficace d'insinuer dans l'ame de ses sujets les idées & les sentimens qu'il veut leur inspirer, & par là son autorité a de très-grandes influences sur les actions intérieures, sur les pensées & les sentimens des hommes, qui se trouvent ainsi soumis à la direction des loix; autant du moins que la nature de la chose peut le permettre.

§. XXV. Nous finissons ce chapitre par l'examen d'une question qui se présente ici naturellement.

On demande donc, si un sujet peut exécuter innocemment un ordre injuste de son Souverain, ou s'il doit plutôt refuser constamment d'obéïr, même au péril de perdre la vie? PUFFENDORF semble ne répondre à cette question qu'en hésitant; mais il se détermine enfin pour le sentiment d'HOBBÉS, & il dit, « Qu'il faut bien distinguer si le Souverain nous commande » de faire, en notre propre nom, une action injuste qui soit réputée nôtre, ou » bien s'il nous ordonne de l'exécuter en » son nom, & en qualité de simple instrument, & comme une action qu'il répute » sienne. Au dernier cas, il prétend que » l'on peut sans crainte exécuter l'action » ordonnée par le Souverain, qui alors en » doit être régardé comme l'unique au-

» teur, & sur qui toute la faute en doit » retomber. C'est ainsi, par exemple, que » les soldats doivent toujours exécuter les » ordres de leur Prince, parce qu'ils n'a» gissent pas en leur propre nom, mais » comme instrumens & au nom de leur » Maître. Mais au contraire il n'est jamais » permis de faire en son propre nom, une » action injuste directement opposée aux » lumières d'une conscience éclairée. C'est » ainsi, par exemple, qu'un Juge ne de» vroit jamais, quelque ordre qu'il en eût » du Prince, condamner un innocent, ni » un témoin à déposer contre la vérité.

§. XXVI. Mais il me semble que cette distinction ne léve pas la difficulté; car de quelque manière qu'on prétende qu'un sujet agisse dans ces cas là, soit en son propre nom, soit au nom du Prince, sa volonté concourt toujours en quelque sorte à l'action injuste & criminelle qu'il exécute. Ainsi, ou il faut toujours lui imputer en partie l'une & l'autre action, ou l'on ne doit lui en imputer aucune.

§. XXVII. Le plus sûr est donc de distinguer ici entre un ordre évidemment & manifestement injuste, & celui dont l'injustice n'est que douteuse ou apparente.

Quant au premier, il faut soutenir généralement & sans restriction, que les plus grandes menaces ne doivent jamais porter à faire, même par ordre & au nom du Souverain, une chose qui nous paroît évidemment injuste & criminelle, & qu'encore que l'on soit fort excusable devant le Tribunal humain, d'avoir succombé à une si rude épreuve, on ne l'est pourtant pas devant le Tribunal de DIEU.

§. XXVIII. Ainsi un Parlement, par exemple, à qui un Prince ordonneroit d'enrégistrer un Edit manifestement injuste, doit sans contredit refuser de le faire. J'en dis autant d'un Ministre d'Etat, que son maître voudroit obliger à expédier ou à faire exécuter quelque ordre plein d'iniquité ou de tyrannie; d'un Ambassadeur à qui son maître donne des ordres accompagnés d'une injustice manifeste, ou d'un Officier à qui le Roi commanderoit de tuer un homme dont l'innocence est claire comme le jour. Dans ces cas-là il faut montrer un noble courage & résister de toutes ses forces à l'injustice, même au péril de tout ce qui peut nous en arriver. *Il vaut mieux obéir à DIEU qu'aux hommes.* Et en promettant au Souverain une

une fidelle obéïssance, on n'a jamais pu le faire que sous la condition qu'il n'ordonneroit jamais rien qui fût manifestement contraire aux loix de DIEU, soit naturelles, soit révélées. Il y a là-dessus un beau passage dans une Tragédie de SOPHOCLE; « Je ne croyois pas (dit *Antiogene* à » *Créon*, Roi de Thebes) que les Edits » d'un homme mortel tel que vous, eussent » tant de force, qu'ils dussent l'emporter » sur les loix des Dieux mêmes; loix non » écrites à la vérité, mais certaines & im» muables; car elles ne sont pas d'hier ni » d'aujourd'hui, on les trouve établies de » tems immémorial, personne ne sçait » quand elles ont commencé. Je ne devois » donc pas, par la crainte d'aucun hom» me, m'exposer en les violant, à la pu» nition des Dieux (1).

§. XXIX. Mais s'il s'agissoit d'un ordre qui nous parût injuste, mais d'une injustice douteuse, alors le plus sûr, sans contredit, c'est d'obéir. Le devoir de l'obéïssance étant d'une obligation claire & évidente, il doit l'emporter dans le doute. Autrement, & si l'obligation où sont les

(1) *Sophocl. Antigon.* V. 463. &c.

sujets d'obéïr aux ordres de leur Souverain, leur permettoit de refuser de les exécuter, jusqu'à ce qu'ils fussent pleinement convaincus de leur justice, cela réduiroit manifestement l'autorité du Prince à rien, anéantiroit tout ordre & le Gouvernement même. Il faudroit que les soldats, les huissiers, les bourreaux entendissent la politique & la Jurisprudence, sans quoi ils pourroient se dispenser d'obéïr, sous prétexte qu'ils ne seroient pas bien convaincus de la justice des ordres qu'on leur donne, ce qui mettroit évidemment le Prince hors d'état d'exercer les fonctions du Gouvernement. C'est donc aux sujets à obéïr dans ces circonstances, & si l'action est injuste en elle-même, on ne sçauroit raisonnablement leur en rien imputer, mais la faute toute entière retombe sur le Souverain.

§. XXX. Rassemblons ici en peu de mots les principales attentions que doit avoir le Souverain dans l'établissement des loix.

1°. Il doit donner toute son attention à ces régles primitives de justice que Dieu lui-même a établies, & faire ensorte que ses loix y soient parfaitement conformes.

2°. Il faut que les loix soient de nature à pouvoir être observées & suivies avec facilité. Les loix d'une exécution trop difficile ne sont propres qu'à compromettre l'autorité des Magistrats, ou à donner lieu à des soulévemens capables de renverser l'Etat.

3°. Il faut bien se garder de faire des loix sur des choses inutiles & non nécessaires.

4°. Que les loix soient telles que les Sujets se portent d'eux-mêmes, plutôt que par nécessité, à leur observation. Pour céla, il ne faut faire que des loix dont l'utilité soit évidente, ou du moins expliquer & faire connoître aux Sujets les raisons & les motifs qui ont porté à les établir.

5°. L'on ne doit pas facilement se porter à changer les loix établies, sans une grande nécessité. Les fréquens changemens aux loix affoiblissent sans contredit leur autorité, & celle du Souverain lui-même.

6°. Le Souverain ne doit pas accorder des dispenses légérement & sans de très-fortes raisons : autrement on affoiblit les loix, & on donne lieu à des jalousies toujours pernicieuses à l'Etat & aux Particuliers.

7°. Il faut faire ensorte que les loix s'entraident les unes les autres, c'est-à-dire que les unes préparent à l'observation des autres, & qu'elles la rendent plus facile; c'est ainsi, par exemple, que de sages loix somptuaires qui mettent des bornes à la dépense, contribuent beaucoup à l'exécution des loix qui ordonnent les impôts & les contributions publiques.

8°. Un Prince qui veut faire de nouvelles loix, doit sur-tout être attentif aux tems & aux circonstances; c'est principalement de-là que dépend le succès d'une loi nouvelle, & la manière dont elle est reçue.

9°. Enfin, le moyen le plus efficace qu'un Prince puisse mettre en œuvre, pour faire observer ses loix exactement, c'est de s'y assujettir lui-même, & de montrer le premier l'exemple, ainsi que nous l'avons déja remarqué ci-devant.

CHAPITRE II.

Du Droit de juger des Doctrines qui s'enseignent dans l'Etat : Du soin que le Souverain doit prendre de former les mœurs de ses Sujets.

§. I. DANS l'énumération que nous avons faite ci-devant des parties essentielles de la Souveraineté, nous avons compris le droit de juger des Doctrines qui s'enseignent dans l'Etat, & en particulier de tout ce qui peut avoir rapport à la Religion. Ce droit est un des plus considérables du Souverain, qu'il lui importe le plus de conserver & de ménager, suivant les régles de la justice & de la prudence. Tachons d'en faire sentir la nécessité, d'en bien établir les fondemens, & d'en marquer l'étendue & les bornes.

§. II. Le premier devoir du Souverain doit être de travailler à former le cœur & l'esprit de ses Sujets. Ce seroit en vain qu'il établiroit les meilleures loix, qu'il prescriroit des régles de conduite sur toutes les choses qui ont quelque rapport au bien de la Société, si d'ailleurs il ne prenoit pas les mesures convenables, pour bien faire connoître aux hommes la justice & la nécessité de ces régles, & les avantages que leur observation doit leur procurer.

§. III. En effet, toutes les actions humaines ayant pour principe la volonté, & les actes de la volonté dépendant des idées que l'on se fait du bien & du mal; des récompenses ou des peines qui doivent suivre l'exécution ou l'omission d'une chose, de sorte que chacun se conduit suivant l'opinion où il est; il est bien manifeste que la premiere attention du Souverain doit être de faire éclairer l'esprit de ses Sujets, & de ne rien négliger pour qu'ils soient bien instruits dès leur enfance de tous les principes qui peuvent les former à une vie honnête & tranquille, & des doctrines conformes au but & à l'avantage des Sociétés. C'est là le moyen le plus efficace de porter les hommes à une obéissance prompte & sûre, & de former insensiblement leurs mœurs: sans cela les loix ne sont qu'un frein insuffisant pour retenir les hommes dans les bornes de leur devoir. Tant que les hommes n'obéissent pas aux loix par principe, leur obéissance n'est que précaire & n'a rien d'assuré, tout disposés à se soustraire à leur devoir dès qu'ils croiront pouvoir le faire impunément.

§. IV. Si donc la manière de penser des hommes, si les idées & les opinions communément reçues, & ausquelles ils sont accoutumés, ont tant d'influence sur leur conduite, & si elles peuvent si fort contribuer au bien ou au malheur de l'Etat, & s'il est du devoir du Souverain de veiller là-dessus, & d'y donner tous ses soins, il ne doit rien négliger de tout ce qui peut contribuer à l'éducation de la jeunesse, à l'avancement des sciences, & aux progrès de la vérité. Mais si cela est ainsi, il faut nécessairement lui accorder le droit de juger des doctrines qui s'enseignent publiquement, & de bannir toutes celles qui par elles-mêmes pourroient être opposées au bien & à la tranquillité publique.

§. V. C'est donc au Souverain seul qu'il appartient d'établir des Académies, des Ecoles publiques de toute espéce, & d'autoriser les personnes qui doivent y enseigner ; c'est à lui à prendre garde que l'on n'y enseigne rien, sous quelque prétexte que ce soit, qui soit contraire aux maximes fondamentales du droit naturel, aux principes de la Religion ou de la bonne Politique ; en un mot, rien de tout ce qui seroit capable de produire des impressions funestes au bonheur de l'Etat.

§. VI. Mais les Souverains doivent bien faire attention à la manière de faire usage du droit dont nous parlons, à ne pas le pousser au-delà de ses véritables bornes, & à ne s'en servir que suivant les régles de la justice & de la prudence. Autrement il pourroit y avoir, & il y a souvent en effet, de grands abus à ce sujet, soit parce que l'on prend mal à propos pour nuisible à l'Etat ce qui dans le fonds ne donne aucune atteinte au bien public, ou même ce qui seroit avantageux à la Société ; soit parce que sous ce prétexte les Princes, ou d'eux-mêmes ou à l'instigation de quelques malhonnêtes gens, s'érigent en inquisiteurs à l'égard des opinions les plus indifférentes & les plus innocentes, pour ne pas dire les plus vraies, sur-tout en matière de Religion.

§. VII. Les Princes ne sçauroient donc être trop en garde là-dessus, pour ne pas s'en laisser imposer par des esprits mal-faits ou envieux, qui sous le prétexte du bien & de la tranquillité publique, ne cherchent que leur intérêt particulier; & qui ne font tous leurs efforts pour rendre suspectes certaines opinions, que dans la vue de perdre les plus honnêtes gens.

§. VIII. L'avancement des sciences, les progrès de la vérité demandent que l'on accorde une honnête liberté à tous ceux qui s'y appliquent, & que l'on ne condamne pas comme criminel un homme par cela seul qu'il a sur certaines choses des idées différentes de celles qui sont reçues communément. Il y a plus, la différente manière de penser sur les mêmes sujets, la diversité d'idées & d'opinions, bien loin de traverser les progrès de la vérité, lui est au contraire en elle-même avantageuse, pourvu du moins que les Souverains prennent des mesures convenables pour obliger les gens de lettres à se contenir dans les justes égards que les hommes se doivent les uns aux autres, & à demeurer dans les bornes de la modération ; & que pour cet effet ils répriment par leur autorité ceux qui s'échauffent mal à propos dans les disputes, qui s'émancipent jusqu'à injurier, à calomnier, & à vouloir rendre suspects & odieux ceux qui ne pensent pas comme eux : il faut tenir pour constant que la vérité est par elle-même très-avantageuse aux hommes & à la société, que nulle opinion véritable n'est contraire à la paix, & que toutes celles qui sont par elles-mêmes contraires à la paix doivent dès-là être regardées comme fausses : autrement il faudroit dire que la paix & la concorde répugnent aux loix naturelles.

CHAPITRE III.

Du pouvoir Souverain en matière de Religion.

§. I. LA matière du pouvoir souverain par rapport à la Religion, est de la dernière importance. Personne n'ignore les disputes qu'il y a eu de tout tems là-dessus entre l'Empire & le Sacerdoce, & combien les suites en ont été funestes pour la plûpart des Etats ; ainsi il est également nécessaire & au Souverain & aux Sujets de se faire là-dessus de justes idées.

§. II. Je dis donc que la Souveraine autorité sur les choses de la Religion, doit nécessairement appartenir au Souverain ; & voici quelles sont mes preuves.

§. III. Je remarque, 1°. que si l'intérêt de la Société exige que l'on établisse des loix sur les choses humaines, c'est-à-dire, qui intéressent proprement & directement le bonheur temporel, ce même intérêt ne sçauroit permettre que l'on néglige tout-à-fait à cet égard les choses divines, celles qui regardent la Religion, & qu'on les laisse sans aucune régle ; c'est ce qui a été reconnu de tout tems & chez tous les peuples, & c'est là l'origine du droit *Civil*, proprement ainsi nommé, & du droit *Sacré* ou *Ecclésiastique*. Toutes les Nations policées ont établi chez elles cette double Jurisprudence.

§. IV. Mais si les choses de la Religion ont besoin à divers égards de la dispensation humaine, ce n'est qu'au Souverain seul que le droit d'en disposer en dernier ressort peut appartenir.

Première preuve. C'est ce qui se prouve d'une maniere incontestable par la nature même de la Souveraineté, qui n'est autre chose que le droit de commander en dernier ressort dans la Société, & qui par conséquent ne souffre rien, non seulement qui soit au dessus d'elle, mais même qui ne lui soit assujetti, & qui embrasse dans son étendue tout ce qui peut intéresser le bonheur de l'État, & le *Sacré* comme le *Profane.*

§. V. La nature de la Souveraineté ne sçauroit permettre que l'on soustraise à son autorité quoi que ce soit de tout ce qui est susceptible de la direction humaine : car ce lequel'on voudroit soustraire de l'autorité du Souverain, ou on le laissera dans l'indépendance, ou bien on l'assujettira à l'autorité de quelqu'autre personne différente du Souverain même.

§. VI. Si l'on n'établit aucune régle dans les choses de la Religion, ce seroit les jeter dans une confusion, dans un desordre tout-à-fait opposé au bien de la Société, incompatible avec la nature même de la Religion, & directement contraire aux vues de Dieu qui en est l'auteur. Que si on prend le parti de soumettre ces mêmes choses à quelque autorité indépendante de celle du Souverain, on tombe dans un nouvel inconvénient, puisqu'alors on établit dans une seule & même Société, deux Puissances souveraines & indépendantes l'une de l'autre : ce qui est également incompatible avec la nature de la Souveraineté, & contradictoire avec soi-même.

§. VII. En effet, s'il y avoit plusieurs Souverains, ils pourroient aussi donner des ordres contraires; mais qui ne voit que des ordres opposés par rapport à un même sujet, choquent manifestement la nature des choses, qu'ils ne sçauroient avoir leur effet, ni produire une véritable obligation ? Comment seroit-il possible, par exemple, qu'un même homme recevant en même tems des ordres opposés de la part de deux supérieurs, comme de se rendre au camp & d'aller au Temple, fût dans l'obligation d'obéir à tous deux ? Si l'on dit qu'il n'est pas obligé d'obéir à tous les deux, il y aura donc quelque subordination de l'un à l'autre; l'inférieur le cédera au supérieur, & il ne sera pas vrai de dire qu'ils étoient tous les deux souverains & indépendans. On peut fort bien appliquer ici les paroles de JESUS-CHRIST lui-même : *Nul ne peut servir deux Maîtres, & tout Royaume divisé contre soi-même périra nécessairement.*

§. VIII. *Seconde preuve.* Je tire ma seconde preuve de la fin de la Société civile & de la Souveraineté. La fin de la Souveraineté, c'est sans doute le bonheur des peuples, la conservation de l'Etat. Or comme la Religion peut en diverses manières ou nuire ou servir à la Société, il s'ensuit que le Souverain a droit sur la Religion, du moins autant qu'elle peut relever du commandement humain ; celui qui a droit à la *fin*, a sans contredit droit aux *moyens* qui y conduisent.

§. IX. Or que la Religion puisse nuire ou servir à l'Etat en différentes manières, c'est une chose incontestable.

1°. Tous les hommes ont toujours reconnu que la Divinité fait principalement dépendre ses graces, par rapport à un Etat, du soin que le Souverain prend de la faire servir & honorer.

2°. La Religion, peut par elle-même, contribuer beaucoup à rendre les hommes plus obéissans aux loix ; plus attachés à leur patrie, plus équitables entr'eux.

3°. Les dogmes mêmes & les cérémonies de la Religion influent considérablement sur les mœurs & sur la félicité publique. Les idées que les hommes ont eues de la Divinité, les ont jetés dans des cultes monstrueux, & jusqu'à immoler des victimes humaines : ils ont même pris de ces fausses idées, des raisons pour s'autoriser dans le crime, dans la cruauté & dans la licence, comme on peut le voir par la lecture des Poetes. Puis donc que la Religion a tant d'influence sur le bonheur ou le malheur de la Société, qui peut douter qu'elle ne soit du ressort du Souverain ?

§. X. *Troisiéme preuve.* Il y a plus encore, & ce que l'on vient de dire fait voir que c'est une nécessité au Souverain & un de ses devoirs les plus essentiels, de faire de la Religion, qui renferme les intérêts les plus considérables des hommes, le principal objet de ses soins & de son application : il doit donc travailler à pourvoir au bonheur éternel de ses sujets, aussi-bien qu'au bonheur temporel & présent ; c'est une chose qui est du ressort de son autorité.

§. XI. *Quatriéme preuve.* En un mot, & c'est ici une nouvelle preuve, on ne sçauroit reconnoître en général que deux Souverains, sçavoir, Dieu & le Prince : l'Empire de Dieu est un Empire éminent, absolu & universel ; les Princes même lui sont soumis. La Souveraineté du Prince tient le second rang, elle est subordonnée à celle de Dieu ; mais en telle sorte que le Prince a un plein droit de disposer de toutes les choses qui peuvent intéresser le bonheur de la Société, & qui par leur nature sont susceptibles de la dispensation humaine.

§. XII. Après avoir ainsi établi le droit du Souverain sur la Religion, voyons quelle est l'étendue de ce droit & quelles en sont les bornes. Il paroîtra par cet examen que ces bornes ne sont point différentes de celles que la Souveraineté souffre en toute autre matière. Nous avons déja dit que la Souveraineté s'étendoit à tout ce qui étoit susceptible de la direction & du commandement humain ; il suit de là que la prmière borne que l'on doit mettre à l'autorité du Souverain, mais qui ne mérite pas qu'on s'y arrête, c'est qu'il ne peut rien ordonner de tout ce qui est impossible aux hommes par sa nature, soit dans la Religion, soit dans les autres choses, comme par exemple, de marcher dans les

les airs, de croire des choses contradictoires, &c.

§. XIII. La seconde borne que l'on doit mettre à l'autorité souveraine, mais qui n'intéresse pas plus particulièrement la Religion que toute autre chose, est tirée des loix de Dieu, & il est bien manifeste que l'autorité du Souverain étant subordonnée à celle de Dieu, tout ce que Dieu a déterminé par quelque loi, soit *naturelle* soit *positive*, ne sçauroit être changé par le Souverain : c'est le fondement de la maxime, *qu'il vaut mieux obéir à Dieu qu'aux hommes.*

§. XIV. C'est en conséquence de ces principes, qu'aucune autorité humaine ne peut, par exemple, interdite la prédication de l'Évangile ou l'usage des Sacremens, qu'elle ne peut établir un nouvel article de foi ni introduire un nouveau culte : car Dieu nous ayant donné une régle de Religion & nous ayant défendu d'altérer cette régle, il n'est au pouvoir d'aucun homme de le faire, & ce seroit une extravagance de penser qu'aucun homme puisse croire ou faire quelque chose, qui pût contribuer à son salut contre ce que Dieu en a déclaré.

§. XV. C'est aussi sur le fondement des

limitations que nous avons établies, que le Souverain ne sçauroit s'attribuer légitimement l'empire sur les consciences, comme s'il étoit en son pouvoir d'imposer la nécessité de croire tel ou tel article en matière de Religion. La nature même de la chose, & les loix divines sont également contraires à cette prétention : il n'y a donc pas moins de folie que d'impiété à vouloir contraindre les consciences, & à extorquer, pour ainsi dire, la Religion par la force & par les armes. La peine naturelle de ceux qui sont dans l'erreur, c'est d'être éclairés ; † du reste, il faut laisser à Dieu le soin du succès.

§. XVI. L'autorité du Souverain, en matière de Religion, ne sçauroit donc s'étendre au delà des bornes que nous lui avons assignées ; mais aussi ce sont les seules que l'on puisse lui prescrire, & je ne pense pas qu'il soit même possible d'en imaginer d'autres. Mais ce qu'il faut sur tout remarquer, c'est que ces bornes du pouvoir souverain en matière de Religion, ne sont en rien différentes de celles qu'il doit reconnoître en toute autre matière ; qu'au

§ *Errantis pœna est doceri.*

contraire ce sont précisément les mêmes ; qu'elles conviennent à toutes les parties de la Souveraineté indifféremment, & qu'elles ne s'appliquent pas moins aux choses communes qu'à celles de la Religion. Par exemple, il ne seroit pas plus permis à un père de négliger la nourriture ou l'éducation de ses enfans, lors même que le Prince le lui ordonneroit, qu'il ne seroit licite aux Pasteurs de l'Eglise ou aux Chrétiens d'abandonner le service de Dieu, si quelque Prince impie le commandoit : c'est que la loi de Dieu défend également l'un & l'autre, & que l'exception tirée de cette loi, est une exception invincible, supérieure à toute autorité humaine.

§. XVII. Cependant, quoique le pouvoir du Souverain en matière de Religion, ne puisse pas aller jusqu'à changer les choses que Dieu lui-même a déterminées, on peut pourtant dire que ces choses mêmes sont en quelque manière soumises à l'autorité du Souverain. C'est ainsi, par exemple, que le Souverain a sans contredit le droit d'éloigner les obstacles extérieurs qui pourroient nuire à l'observation des loix de Dieu, & de procurer au contraire des facilités à cet égard ; c'est même là un de ses premiers devoirs. De là encore le droit qui lui appartient de régler tout ce qui a rapport à l'établissement & aux fonctions du Sacerdoce & aux circonstances du culte extérieur, afin que tout cela se fasse avec plus d'ordre, autant du moins que la loi de Dieu a laissé ces choses à l'arbitrage des hommes. Enfin il est certain que le Souverain peut encore donner un nouveau degré d'obligation & de force aux loix divines, par les récompenses & les peines temporelles. On ne sçauroit donc s'empêcher de reconnoître le droit du Souverain par rapport à la Religion, & que ce droit ne sçauroit appartenir à aucun autre sur la terre.

§. XVIII. Cependant les défenseurs des droits du Sacerdoce, font ici plusieurs difficultés qu'il est nécessaire d'éclaircir. Si Dieu, disent-ils, délégue aux hommes l'autorité qu'il a sur l'Eglise, c'est plutôt à ses Ministres & aux Pasteurs de l'Evangile, qu'aux Souverains & aux Magistrats. Le Magistrat n'est point de l'essence de l'Eglise : au contraire, Dieu a établi les Pasteurs sur son Eglise, il a réglé toutes les fonctions de leur ministère, & dans leurs charges non seulement ils ne sont pas les Lieutenant des Souverains, mais même ils ne sont pas obligés de leur obéir en toutes choses. Bien plus, ils exercent leurs fonctions sur le Souverain meme aussi-bien que sur les simples particuliers, & toute l'Ecriture & l'Histoire de l'Eglise leur attribuent un devoir de Gouvernement.

Réponse. Quand on dit que le Magistrat n'est point de l'essence de l'Eglise, ou pour mieux s'expliquer, que l'Eglise peut subsister quoiqu'il n'y ait point de Magistrats, cela est vrai; mais on ne sçauroit conclure de là que le Souverain n'ait aucune autorité sur l'Eglise, car on prouveroit par le même raisonnement que les Marchands, les Médecins & même tous les autres hommes ne dépendent point du Souverain, parce qu'il n'est pas de l'essence du Marchand, du Médecin ni des hommes en général, d'avoir des Magistrats, & qu'ils peuvent subsister sans eux; cependant la Raison & l'Ecriture les assujetissent tous *aux Puissances supérieures.*

§. XIX. Ce que l'on ajoute ensuite est encore très-véritable, que Dieu a établi les Pasteurs, qu'il a lui-même réglé leurs fonctions, & qu'en cette qualité ils ne sont pas les Lieutenans des puissances humaines;

mais il est aisé de se convaincre par des exemples, qu'on ne peut tirer de là aucune conséquence au préjudice de l'autorité souveraine. La fonction de Médecin vient de Dieu, comme auteur de la nature; & celle de Pasteur vient aussi de lui comme auteur de la Religion; cependant cela n'empêche pas que la profession de Médecin ne soit dans la dépendance du Souverain : on en peut dire autant de l'agriculture, du commerce & de tous les arts. Il y a plus, les Juges même, quoiqu'ils tiennent leurs charges du Souverain & qu'ils en occupent la place, ne reçoivent pourtant pas de lui toutes les régles qu'ils doivent suivre : c'est Dieu lui-même qui leur ordonne de ne prendre aucun présent de corruption, de ne rien faire par haine ni par faveur, &c. Il n'en faut pas davantage pour faire sentir combien c'est une conséquence peu juste, de prétendre que parce qu'une chose a été établie de Dieu, elle soit indépendante du Souverain.

§. XX. 3°. Mais, dit-on, les Pasteurs ne sont pas toujours obligés d'obéir au Souverain; nous en sommes convenus nous-mêmes ci-dessus : mais nous avons remarqué que cela ne peut avoir lieu que dans les choses qui choquent directement la loi de Dieu, & nous avons fait voir que ce droit appartient indifféremment à toute personne, & dans les choses communes aussi bien que dans la Religion, & que par conséquent cela n'ôte rien à la souveraineté du Prince.

§. XXI. 4°. On ne sçauroit nier non plus, que les fonctions pastorales ne s'étendent aux Rois même, non seulement comme membres de l'Eglise, mais en particulier comme Rois; mais cela encore ne prouve rien, car quelle fonction y a-t-il qui ne regarde pas la personne du Souverain? En particulier le Médecin exerce-t-il moins sa profession sur le Prince, que sur tout autre? ne lui prescrit-il pas également le régime & les remédes nécessaires à la santé? L'office de Conseiller ne s'étend-il pas au Souverain, & qui plus est, en qualité de Souverain? Cependant a-t-on jamais pensé à soustraire ces personnes à l'autorité souveraine?

§. XXII. 5°. Mais enfin, ajoute-t-on, n'est-il pas certain que l'Ecriture & l'Histoire ancienne attribuent par tout aux Pasteurs le gouvernement de l'Eglise? Cela est très-vrai encore; mais il ne faut qu'examiner quelle eſt la nature du Gouvernement, qui convient aux Miniſtres de la Religion, pour reconnoître qu'il ne choque & ne diminue en rien l'autorité du Souverain & la prééminence de ſon gouvernement.

§. XXIII. Il y a un gouvernement de *ſimple direction*, & un gouvernement *d'autorité*. Le premier conſiſte à donner conſeil, ou à inſtruire des régles qu'il faut ſuivre; mais il ne ſuppoſe aucune autorité dans celui qui gouverne, & il ne gêne en rien la liberté de ceux qui ſont gouvernés, ſi ce n'eſt en tant que les loix dont on les inſtruit, obligent par elle-mêmes. Tel eſt le gouvernement des Médecins par rapport à la ſanté, des Juriſconſultes par rapport aux affaires civiles, & des Conſeillers d'Etat à l'égard de la politique. Les avis de toutes ces perſonnes n'obligent point dans les choſes indifférentes, & dans les choſes néceſſaires ils n'obligent pas par eux-mêmes, mais ſeulement en tant qu'ils nous inſtruiſent des loix établies par la nature ou par le Souverain, & c'eſt cette eſpèce de gouvernement qui convient aux Paſteurs.

§. XXIV. Mais auſſi il y a un Gouvernement de *Jurisdiction & d'autorité*, qui contient en soi le droit de faire des réglemens & qui oblige véritablement ceux qui y sont soumis. Ce Gouvernement qui naît d'une autorité souveraine, oblige par l'éminence de son autorité même, qui donne droit & pouvoir de contraindre. Mais ce qu'il faut sur tout remarquer, c'est que la véritable autorité est inséparable du droit d'obliger & de contraindre : c'en sont les effets naturels, auxquels seuls on peut la reconnoître. C'est cette dernière espèce de Gouvernement que nous attribuons au Souverain, & de laquelle nous disons qu'elle ne convient point aux Pasteurs de l'Evangile †.

§. XXV. Il faut donc dire que le Gouvernement qui convient aux Pasteurs, est un Gouvernement de conseil d'instruction, de persuasion, & dont la force & l'autorité consiste toute entière dans la parole de Dieu, qu'ils doivent enseigner aux peuples, & nullement dans une autorité personnelle. Leur pouvoir est de

† Voy. *Ev. selon S. Luc. Ch. XII.* ℣. 14. *I. Ep. aux Cor. Ch. X.* ℣. 4. *Ephes. Ch. VI.* ℣. 17. *Philip. Ch. III.* ℣. 20.

déclarer les ordres de Dieu : leur commission ne va pas au-delà.

§. XXVI. Si l'on compare à présent ces différentes espèces de Gouvernement, on reconnoîtra sans peine, qu'ils ne sont point opposés l'un à l'autre, dans les choses même de la Religion. Le gouvernement de simple direction que nous donnons aux Pasteurs, n'a rien qui puisse choquer l'autorité souveraine; au contraire, elle peut s'en servir utilement & comme d'un aide : ainsi il n'y a point de contradiction à dire que le Souverain gouverne les Pasteurs, & qu'il en est lui-même gouverné, pourvu qu'on ait égard aux divers genres de gouvernement. Tels sont les principes généraux de cette matière importante : il est aisé d'en faire l'application aux détails ou aux cas particuliers.

CHAPITRE IV.

Du Pouvoir du Souverain sur la vie & les biens de ses Sujets, pour la punition des crimes.

§. I. LE but principal de la Société civile & du Gouvernement, c'est de mettre en sureté tous les avantages naturels des hommes, & en particulier leur vie. Cependant cette fin même demande nécessairement que le Souverain ait quelque droit sur la vie des sujets, & cela, ou d'une *manière indirecte* pour la défense de l'Etat, ou d'une *manière directe* pour la punition des crimes.

§. II. Le pouvoir du Souverain sur la vie des sujets, par rapport à la défense de l'Etat, regarde le droit de la guerre, & nous en parlerons ci-après. Nous ne traiterons ici que du droit d'infliger les peines.

§. III. La première question qui se présente, c'est de sçavoir quelle est l'origine & le fondement de cette partie du pouvoir du Souverain, & la chose n'est pas ſans quelque difficulté. La peine, dit-on, eſt un mal que l'on ſouffre malgré ſoi : on ne ſçauroit ſe punir ſoi-même ; & par conſéquent, il ſemble que les particuliers n'ont pu transférer au Souverain un droit qu'ils n'avoient pas eux-mêmes ſur eux.

§. IV. Quelques Juriſconſultes prétendent, que lorſque le Souverain inflige des peines à ſes ſujets, il le fait en vertu de leur propre conſentement, parce que ſe ſoumettant à ſon Empire, ils ont promis d'acquieſcer à tout ce qu'il feroit à leur égard, & qu'en particulier un ſujet qui ſe détermine volontairement à commettre un crime, conſent par cela même à porter la peine établie contre un tel crime, & qui lui eſt d'ailleurs parfaitement connue.

§. V. Mais il ſemble, qu'il eſt aſſez difficile d'établir le droit du Souverain ſur une préſomption de cette nature, ſur tout par rapport aux peines afflictives, qui tendent au dernier ſupplice : auſſi n'eſt-il pas néceſſaire d'avoir recours à ce prétendu conſentement des coupables, à ſouffrir la peine, pour établir le droit du Souverain. Il vaut mieux dire que le droit qu'a le Souverain de punir les malfaiteurs, tire ſa ſource de celui qu'avoit originairement chaque particulier dans la Société de nature, de punir les crimes commis contre lui-même, ou contre les membres de la Société, cédé & remis au Souverain.

§. VI. Et en effet, le droit de faire exécuter les loix naturelles & de punir ceux qui les violent, appartient originairement à la Société humaine, & à chaque particulier par rapport à tout autre: autrement les loix que la nature & la raison imposent à l'homme, seroient entiérement inutiles dans l'Etat de nature, si personne n'avoit le pouvoir de les faire exécuter, & d'en punir la violation.

§. VII. Quiconque viole les loix de la nature, témoigne par-là qu'il foule aux pieds les maximes de la raison & de l'équité que Dieu a prescrites pour la sureté commune, & ainsi il devient un ennemi dangereux du genre humain. Comme donc chacun est incontestablement en droit de pourvoir à sa conservation & à celle de la Société, il peut sans doute infliger à un tel homme des peines capables de produire en lui du repentir, & de l'empêcher de commettre à l'avenir de pareilles fautes, ou même d'intimider les autres par son exemple : en un mot, les mêmes loix naturelles qui défendent le crime, donnent aussi le droit d'en poursuivre l'auteur, & de le punir dans une juste proportion.

§. VIII. Il est vrai que dans l'Etat de nature ces sortes de châtimens ne s'infligent pas avec autorité, & il pourroit arriver que le coupable se mît à couvert des peines qu'il a à craindre de la part des autres hommes, ou même qu'il repoussât leurs efforts avec avantage : mais le droit de punir n'est pour cela ni moins réel ni moins bien fondé. La difficulté de le faire valoir ne l'anéantit pas ; c'étoit là un des inconvéniens de l'Etat primitif, auquel les hommes ont apporté un remède efficace par l'établissement d'un Souverain.

§. IX. En suivant ces principes, il est aisé de comprendre que le droit qu'a le Souverain de punir les crimes, n'est autre que ce droit naturel que la Société humaine & chaque particulier avoient originairement de faire exécuter les loix de la nature & de veiller à leur propre sureté, cédé & remis au Souverain, qui au moyen de l'autorité dont il est revêtu, l'exerce d'une manière sure, & à laquelle il est très difficile que les scélérats puissent se soustraire. Au reste, que l'on appelle ce droit naturel de punir les crimes, *Droit de Vengeance*, ou qu'on le rapporte à une espèce de *Droit de Guerre*, c'est une chose indifférente, & il ne change point de nature pour cela.

§. X. Tels sont les vrais fondemens du droit du Souverain à l'égard des peines. Cela posé, je définis la peine, un mal, dont le Souverain menace ceux de ses sujets qui seroient disposés à violer ses loix, & qu'il leur inflige actuellement & dans une juste proportion lorsqu'ils les violent, indépendamment de la réparation du dommage, dans la vue de quelque bien à venir & en dernier ressort, pour la sureté & la tranquillité de la Société.

§. XI. Je dis 1°. que la peine est un mal, & ce mal peut être de différente nature, selon qu'il affecte la vie, le corps, l'estime ou les biens : d'ailleurs il est indifférent que ce mal consiste dans quelque travail génant & pénible, ou bien à souffrir quelque chose de fâcheux.

§. XII. J'ajoute en second lieu, que c'est le Souverain qui dispense les peines; non que toute peine en général suppose la souveraineté, mais parce que nous trai-

suffisantes pour intimider les méchans par la crainte de quelque mal, & pour le leur faire souffrir actuellement, lorsqu'ils troublent la Société par leurs désordres; il falloit même que ce pouvoir pût aller jusqu'à faire souffrir le plus grand de tous les maux naturels, je veux dire la *Mort*, pour réprimer avec efficace l'audace la plus déterminée, & balancer ainsi les différens degrés de la malice humaine par un contre-poids assez puissant.

§. XVII. Tel est le droit du Souverain; mais si le Souverain a droit de punir, il faut que le coupable soit dans quelque obligation à cet égard; car on ne sçauroit concevoir de droit sans une obligation qui y réponde. Mais en quoi consiste cette obligation du coupable? Est-il obligé d'aller se dénoncer lui-même de gaieté de cœur, & s'exposer ainsi volontairement à subir la peine? Je réponds que cela n'est pas nécessaire pour le but qu'on s'est proposé dans l'établissement des peines, & qu'on ne sçauroit raisonnablement exiger de l'homme qu'il se trahisse ainsi lui-même, mais cela n'empêche pas qu'il n'y ait ici quelque obligation.

§. XVIII. 1°. Il eſt certain que lorſqu'il s'agit d'une ſimple peine pécuniaire, à laquelle on a été légitimement condamné, on doit la payer ſans attendre que le Magiſtrat nous y force ; non ſeulement la prudence l'exige de nous ; mais encore les regles de la Juſtice, qui veulent que l'on répare le dommage, & qu'on obéiſſe à un Juge légitime.

§. XIX. 2°. Il y a plus de difficulté pour ce qui regarde les peines afflictives, & ſur-tout celles qui s'étendent au dernier ſupplice. L'inſtinct naturel qui attache l'homme à la vie, & le ſentiment qui le porte à fuir l'infamie, ne permettent pas que l'on mette un criminel dans l'obligation de s'accuſer lui-même volontairement, & de ſe préſenter au ſupplice de gaieté de cœur ; & auſſi le bien public & les droits de celui qui a en main la puiſſance du glaive, ne le demandent pas.

§. XX. 3°. C'eſt par une conſéquence du même principe qu'un criminel peut innocemment chercher ſon ſalut dans la fuite, & qu'il n'eſt pas préciſément tenu de reſter dans la priſon, s'il s'apperçoit que les portes en ſont ouvertes, ou qu'il peut les forcer aisément ; mais il ne lui seroit pas permis de chercher à se procurer la liberté par quelque nouveau crime, comme en égorgeant ses Gardes, ou en tuant ceux qui sont envoyés pour se saisir de lui.

§. XXI. 4°. Mais enfin, si l'on suppose que le criminel est connu, qu'il a été pris, qu'il n'a pû s'évader de la prison, & qu'après un meur examen il se trouve convaincu du crime, & condamné en conséquence à en subir la peine ; alors il est sans contredit obligé de subir cette peine, de reconnoître que c'est avec justice qu'il y est condamné, qu'on ne lui fait en cela aucun tort, & qu'il ne sçauroit raisonnablement se plaindre que de lui-même : beaucoup moins encore pourroit-il avoir recours aux voies de fait pour se soustraire à son supplice, & s'opposer au Magistrat dans l'exercice de son droit. Voilà en quoi consiste proprement l'obligation d'un criminel à l'égard de la peine : voyons à présent plus particulièrement quel but le Souverain doit se proposer en infligeant les peines.

§. XXII. En général, il est certain que le Souverain ne doit jamais punir qu'en vue de quelque utilité. Faire souffrir quelque mal à quelqu'un, seulement parce qu'il en a fait lui-même, & ne faire attention qu'au passé, c'est une pure cruauté condamnée par la raison : car enfin, il est impossible d'empêcher que le mal qui a été fait, n'ait été fait : en un mot, le droit de punir est une partie de la Souveraineté. La Souveraineté est fondée en dernier ressort sur une puissance bienfaisante, d'où il résulte que lors même que le Souverain fait usage du droit du glaive, il doit toujours se proposer quelque avantage, quelque bien à venir, conformément à ce qu'exigent de lui les fondemens de son autorité.

§. XXIII. Le principal & dernier but des peines est donc la sûreté & la tranquillité de la Société ; mais comme il peut y avoir différens moyens de parvenir à ce but, suivant les circonstances différentes, le Souverain se propose aussi en infligeant les peines différentes vues, particulières & subalternes, qui sont toutes subordonnées au but principal dont nous venons de parler, & qui s'y rapportent toutes en dernier ressort. Ce que nous venons de dire s'accorde fort bien avec ce que remarque GROTIUS (1). « Dans » les punitions, *dit-il*, on a en vue ou » le bien du coupable même, ou l'avantage » de celui qui avoit intérêt que le crime » ne fût pas commis, ou l'utilité de tous » généralement. »

§. XXIV. Ainsi le Souverain se propose quelquefois de corriger le coupable, & de lui faire perdre l'envie de retomber dans le crime, en guérissant le mal par son contraire, & en ôtant au crime la douceur qui sert d'attrait au vice, par l'amertume de la douleur. Cette punition, si le coupable en profite, tourne par cela même à l'utilité publique. Que s'il persévère dans le crime, le Souverain a recours à des remédes plus violens, & même à la mort.

§. XXV. Quelquefois le Souverain se propose d'ôter aux coupables les moyens de commettre de nouveaux crimes, comme en leur enlevant les armes dont ils pourroient se servir, en les enfermant dans une prison, en les chassant du pays, ou même en les mettant à mort. Il pourvoit en même tems à la sûreté publique,

(1) Liv. II. Ch. 20. §. 6. N. 1.

non seulement de la part des criminels eux-mêmes, mais encore à l'égard de ceux qui seroient portés à en faire autant, en les intimidant par ces exemples: aussi rien n'est plus convenable au but des peines que de les infliger publiquement, & avec l'appareil le plus propre à faire impression sur l'esprit du commun peuple.

§. XXVI. Toutes ces fins particulières des peines doivent donc toujours être subordonnées & rapportées à la fin principale & dernière, qui est la sûreté publique, & le Souverain doit mettre en usage les unes ou les autres, comme des moyens de parvenir au but principal; ensorte qu'il ne doit avoir recours aux peines les plus rigoureuses, que lorsque celles qui sont moindres sont insuffisantes pour procurer la tranquillité publique.

§. XXVII. On demande ensuite si toutes les actions contraires aux loix peuvent être légitimement punies? *Réponse.* Le but même des peines & la constitution de la nature humaine, font voir qu'il peut y avoir des actes vicieux en eux-mêmes, qu'il n'est pourtant pas convenable de punir dans les Tribunaux humains.

§. XXVIII. Et 1°. les actes purement intérieurs, les simples pensées qui ne se manifestent par aucun acte extérieur préjudiciable à la Société; par exemple l'idée agréable qu'on se fait d'une mauvaise action, le desir de la commettre, le dessein que l'on en forme sans en venir à l'exécution, &c. tout cela n'est point sujet aux peines humaines, quand même il arriveroit ensuite par hazard que les hommes en auroient connoissance.

§. XXIX. Il faut pourtant faire là-dessus ces deux ou trois remarques. La première est que si ces sortes d'actes vicieux ne sont pas sujets aux peines humaines, c'est parce que la foiblesse humaine ne permet pas pour le bien même de la Société, que l'on traite l'homme à toute rigueur : il faut avoir un juste support pour l'humanité dans les choses qui, quoique mauvaises en elles-mêmes, n'intéressent pas considérablement l'ordre & la tranquillité publique. Ma seconde remarque ; c'est que quoique les actes purement intérieurs ne soient pas assujettis aux peines civiles, il n'en faut pas conclure pour cela que ces actes ne soient pas soumis à la direction des loix civiles : nous avons établi le contraire ci-dessus (2). Enfin, il est incontestable que les loix naturelles condamnent formellement ces sortes d'actions, & qu'elles sont punies de Dieu.

§. XXX. 2°. Il seroit trop rigoureux de punir toutes les fautes les plus légères que la fragilité de la nature humaine ne permet pas d'éviter entièrement, quelque attention que l'on ait à son devoir : c'est encore là une suite de cette tolérance que l'on doit à l'humanité.

§. XXXI. 3°. Enfin il faut nécessairement laisser impunis les vices communs, qui sont une suite de la corruption générale, comme l'ambition, l'avarice, l'inhumanité, l'ingratitude, l'hypocrisie, l'envie, l'orgueil, la colère, &c. car un Souverain qui voudroit punir rigoureusement tous ces vices & autres semblables, seroit réduit à régner dans un desert : il faut se contenter de punir ces vices quand ils portent les hommes à des excès énormes & éclatans.

(2) Ch. I. §. 22. & suiv.

§. XXXII. Il n'est pas même nécessaire de punir toujours sans rémission les crimes d'ailleurs punissables, & il y a des cas où le Souverain peut faire grace, & c'est de quoi il faut juger par le but mêmes des peines.

§. XXXIII. Le *Bien public* est le grand but des peines : si donc il y a des circonstances où, en faisant grace, on procure autant ou plus d'utilité qu'en punissant, alors rien n'oblige précisément à punir, & le Souverain doit même user de clémence ; ainsi si le crime est caché, qu'il ne soit connu que de très-peu de gens, il n'est pas toujours nécessaire, quelquefois même il seroit dangereux de le publier en le punissant ; car plusieurs s'abstiennent de faire du mal plûtôt par l'ignorance du vice, que par la connoissance & l'amour de la vertu. CICERON remarque sur ce que SOLON n'avoit point fait de loix contre le *Parricide*, que l'on a regardé ce silence du Législateur comme un grand trait de prudence, en ce qu'il ne défendit point une chose dont on n'avoit point vû encore d'exemple, de peur que s'il en parloit, il ne semblât avoir dessein d'en faire prendre envie, plûtôt que d'en détourner ceux à qui il donnoit des loix.

On peut aussi considérer les services personnels que le coupable a rendus à l'Etat, ou quelqu'un de sa famille, & s'il peut encore actuellement lui être d'une grande utilité, ensorte que l'impression que feroit la vue de son supplice, ne produiroit pas autant de bien qu'il est capable lui-même d'en faire ; ainsi si l'on est sur mer, & que le Pilote ait commis quelque crime, & qu'il n'y ait d'ailleurs sur le vaisseau aucune personne capable de le conduire, ce seroit vouloir perdre tous ceux du vaisseau que de le punir : on peut aussi appliquer cet exemple à un Général d'armée.

Enfin, l'utilité publique, qui est la mesure des peines, demande quelquefois que l'on fasse grace à cause du grand nombre des coupables. La prudence du Gouvernement veut que l'on prenne garde de ne pas exercer d'une manière qui détruise l'Etat, la Justice qui est établie pour la conservation de la Société.

§. XXXVIV. Tous les crimes ne sont pas égaux, & il est de la justice que l'on garde une juste proportion entre le crime & la peine. On peut juger de la grandeur d'un crime en général, par son objet, par l'intention & la malice du coupable, & enfin par le préjudice qui en revient à la Société ; & c'est à cette dernière conséquence que les deux autres se rapportent en dernier ressort.

§. XXXV. Selon que l'objet est plus ou moins noble, c'est-à-dire, que les personnes offensées sont plus ou moins considérables, l'action est aussi plus ou moins criminelle. Il faut mettre au premier rang les crimes qui intéressent la Société humaine en général, puis ceux qui troublent l'ordre de la Société civile, enfin ceux qui regardent les particuliers. Et ceux-ci sont plus ou moins atroces, selon que le bien dont ils dépouillent est plus ou moins considérable. Ainsi celui qui tue son père, commet un homicide plus criminel que s'il avoit tué un étranger : celui qui injurie un Magistrat, est plus coupable que s'il avoit injurié son égal : un voleur qui tue les passans, est plus criminel que celui qui se contente de les détrousser.

§. XXXVI. Le degré plus ou moins grand de malice, contribue aussi beaucoup à l'énormité du crime, & il se déduit de plusieurs circonstances.

1°. Des motifs qui ont porté au crime & & ausquels il étoit plus ou moins facile de résister : ainsi celui qui tue ou vole de sens froid, est plus coupable que celui qui succombe à la tentation par la violence de quelque grande passion.

2°. Du caractèrre particulier du coupable, qui, outre les raisons générales, dévoit encore le retenir dans le devoir. « Plus un » homme a de naissance, *dit* JUVENAL, » plus il est élevé en dignité, & plus le » crime qu'il commet est énorme (3). Cela » a lieu sur tout à l'égard des Princes, » & d'autant plus, que les suites de leurs » mauvaises actions sont très-pernicieuses » à l'Etat par le grand nombre de gens qui » cherchent à les imiter : c'est là remarque » judicieuse que fait CICERON (4). On

(3) *Omne animi vitium tantò conspectius in se*
Crimen habet, quantò major, qui peccat, habetur.
Juv. Sat. VIII. v. 140, 41.

(4) De Leg. Lib. III. Cap. 14. *Nec enim tantum mali est peccare Principes, quamquam est magnum hoc per se ipsum malum, quantum illud, quod permulti imitatores Principum existunt : quò perniciosius de Republica merentur vitiosi Principes, quod non solum vitia concipiunt ipsi, sed ea infundunt in civitatem. Neque solum obsunt, quod ipsi corrumpuntur, sed etiam quod corrumpunt, plusque exemplo, quam peccato nocent.*

» peut aussi appliquer la même remarque » aux Magistrats & aux Ecclésiastiques.

3°. Il faut aussi considérer les circonstances du temps & du lieu dans lequel le crime a été commis, &c. la manière dont on a commis le crime, les instrumens dont on s'est servi, &c.

4°. Enfin l'on examine encore si le coupable est dans l'habitude de commettre des crimes, & s'il ne le fait que rarement; s'il l'a commis le premier, ou s'il a été séduit par d'autres, &c.

§. XXXVII. L'on comprend bien que le différent concours de ces circonstances intéresse plus ou moins le bonheur & la tranquillité de la Société, & par conséquent augmente ou diminue l'atrocité des crimes.

§. XXXVIII. Il y a donc des crimes plus ou moins grands les uns que les autres, & par conséquent ils ne méritent pas tous une même peine; mais le genre & le degré précis des peines dépend de la prudence du Souverain. Voici les principales régles qu'il doit suivre là-dessus.

1°. Le degré de la peine doit toujours être proportionné au but que l'on se propose, c'est-à-dire, pour réprimer la malice des méchans, & pour procurer la tranquillité & la sureté intérieure de l'Etat : c'est sur ce principe qu'il faut ou augmenter ou diminuer la rigueur de la punition ; la peine est trop rigoureuse, si l'on peut par des moyens plus doux obtenir les fins que l'on se propose en punissant, & elle est au contraire trop modérée lorsqu'elle n'est pas assez considérable pour produire ces effets, & que les méchans s'en moquent bien loin de la redouter.

2°. Suivant ce principe, on peut punir chaque crime en particulier, suivant que le demande l'utilité publique, sans considérer s'il y a une égale ou moindre peine établie pour un autre crime, qui en lui-même paroît moindre ou plus grand : ainsi le vol, par exemple, est en lui-même beaucoup moins criminel que l'homicide ; cependant les voleurs peuvent sans injustice, être punis de mort en certain cas aussi-bien que les meurtriers.

3°. L'égalité que le Souverain doit toujours observer dans l'exercice de la Justice, consiste à punir également ceux qui ont également péché, & à ne pas pardonner à une personne sans de très-fortes raisons, un crime pour lequel d'autres ont été punis.

4°. Il faut encore remarquer qu'on ne peut pas multiplier le genre & le dégré des peines à l'infini, & comme il n'y a point de plus grande peine que la mort, c'est une nécessité que certains crimes, quoique inégaux en eux-mêmes, soient également punis du dernier supplice. Tout ce qu'il y a, c'est que la mort peut être plus ou moins terrible, selon que l'on emploie pour ôter la vie une voie courte & douce, ou des tourmens lents & cruels.

5°. On doit, autant qu'il est possible, pencher vers le côté le plus doux, quand il n'y a pas de fortes raisons au contraire : c'est la seconde partie de la *Clémence*. La première consiste à exempter entièrement de la peine, lorsque le bien de l'Etat peut le permettre ; c'est aussi une des régles du droit Romain (5).

6°. Au contraire, il est quelquefois nécessaire & convenable d'exagérer la peine ; il faut faire un exemple qui intimide les méchans, lorsqu'on ne peut empêcher le

(5) *In pœnalibus causis benignius interpretandum est.* Leg. 155. §. 2. ff. de Regulis Juris, *Vid. sup.* §. 33.

mal

mal que par des remédes violens (6).

7°. La même peine ne fait pas les mêmes impressions sur toutes sortes de gens, & n'a pas par conséquent la même force pour les détourner du crime : on doit donc considérer & dans les loix pénales & dans leur application, la personne même du coupable, son âge, son sexe, son état & sa condition, ses richesses, ses forces & autres semblables qualités qui rendent la peine plus ou moins sensible. Telle amende, par exemple, incommodera un homme pauvre, qui ne sera rien pour un riche. Telle marque d'ignominie sera très-mortifiante pour une personne d'un rang honorable, qui passera pour une bagatelle dans l'esprit d'un homme de bas lieu. Les hommes ont plus de force pour supporter un châtiment que les femmes, les hommes faits plus que les jeunes gens, &c. Remarquons encore, qu'il est également de la justice & de la prudence du Gouvernement, de suivre toujours dans l'infliction des peines, l'ordre des jugemens & de la procédure judiciaire : cela est né-

(6) *Nonnunquam evenit, ut aliquorum maleficiorum supplicia exacerbantur, quoties nimirum multis personis grassantibus exemplo opus sit.* L. 16. §. 10. ff. de Pœnis.

cessaire non seulement pour ne point commettre d'injustice dans une chose aussi importante, mais encore afin que le Souverain soit à l'abri de tout soupçon d'injustice & de partialité. Cependant il y a quelquefois des circonstances extraordinaires & pressantes, où le bien de l'Etat & la sureté publique ne permettent pas d'observer exactement toutes les formalités de la procédure criminelle : & pourvu que dans ces circonstances le crime soit bien avéré, le Souverain peut juger sommairement & punir sans délai un criminel, dont on ne pourroit pas différer le châtiment sans un péril éminent pour l'Etat. Enfin c'est encore une régle de prudence, que si l'on ne peut punir un coupable sans exposer l'Etat à un très-grand péril, non seulement le Souverain doit faire grace, mais encore il doit le faire de manière qu'il paroisse que c'est un effet de sa clémence plutôt que de la nécessité.

§. XXXIX. Tout ce que l'on vient de dire regarde les peines infligées à quelqu'un pour un crime dont il est le propre & unique auteur. A l'égard des crimes commis par plusieurs, voici quelques remarques qui pourront servir de principes sur cette matière.

1°. Il est certain que ceux qui sont véritablement complices des crimes de quelqu'un, peuvent & doivent être punis à proportion de la part qu'ils y ont, & selon qu'ils doivent être considérés comme causes principales, subalternes ou collatérales : en ce cas-là, ils souffrent plutôt pour leur crime propre que pour le crime d'autrui.

2°. Pour ce qui est des crimes commis par un Corps ou par une Communauté, ceux-là seuls sont véritablement coupables qui y ont donné un consentement actuel, & ceux qui ont été d'un avis contraire, sont absolument innocens : c'est ainsi qu'Alexandre le Grand ayant ordonné de vendre tous les Thebains après les avoir vaincus, en excepta ceux qui dans la délibération publique s'étoient opposés à la rupture de l'alliance avec les Macédoniens.

3°. Ensuite, en matière de crimes commis par une multitude, la raison d'Etat & l'humanité veulent que l'on punisse sur tout ceux qui en sont les principaux auteurs, & que l'on fasse grace aux autres. La sévérité du Souverain pour les uns, réprimera l'audace des plus déterminés, & sa clémence pour les autres lui gagnera le cœur de la multitude (7).

4°. Si les principaux auteurs se sont mis à couvert par la fuite ou autrement, ou bien si tous ont une part égale au crime, il faut avoir recours à la décimation ou à quelque autre moyen pour en punir quelques-uns : par là tous seront intimidés & retenus par la crainte, & il n'y en aura pourtant que peu de punis.

§. XL. Du reste c'est une régle certaine & inviolable, que personne ne peut être légitimement puni pour un crime d'autrui auquel il n'a eu aucune part : tout mérite & démérite est entièrement personnel & incommunicable ; on n'a droit de punir que ceux qui l'ont mérité.

§. XLI. Il arrive cependant quelquefois que des personnes innocentes souffrent à l'occasion du crime d'autrui ; mais il est à propos de faire à ce sujet deux remarques.

1°. C'est que tout ce qui cause quelque chagrin, quelque douleur ou quelque perte à quelqu'un, n'est pas toujours une peine proprement dite ; par exemple, lorsque des sujets souffrent quelques peines à cause du

(7) *Vid.* Quintil. Declam. XI. C. 7. p. m. 237.

crime de leur Prince, ce n'eſt pas pour eux une peine, c'eſt un malheur.

La ſeconde remarque, c'eſt que ces ſortes de maux, ces peines indirectes, ſi l'on veut les nommer ainſi, ſont inſéparables de la conſtitution des choſes humaines, elles en ſont une ſuite néceſſaire.

§. XLII. Ainſi, s'il arrive que l'on confiſque les biens d'un homme, ſes enfans en ſouffrent à la vérité; mais ce n'eſt pas là une peine par rapport à eux, puiſque ces biens ne doivent leur appartenir qu'en ſuppoſant que leur père les conſervât juſqu'à ſa mort. En un mot, ou il faudroit abolir preſque entièrement l'uſage des peines, ou il faut reconnoître que ces ſortes d'inconvéniens, inſéparables de la conſtitution des choſes humaines, & des relations particulières que les hommes ont les uns avec les autres, n'ont par eux-mêmes rien d'injuſte.

§. XLIII. Enfin, il faut remarquer qu'il y a des crimes ſi atroces & qui intéreſſent ſi eſſentiellement la Société, que le bien public autoriſe le Souverain à prendre contre ces attentats les précautions les plus fortes, & même ſi cela eſt néceſſaire, juſques à faire retomber en quelque ſorte ſur les perſonnes les plus chères au coupable, une partie de la peine de son crime : c'est ainsi que les enfans d'un traître ou d'un criminel d'Etat peuvent être exclus des charges & des honneurs. Le père est sans doute puni par-là, puisqu'il se voit la cause que les personnes qui lui sont les plus chères, sont réduites à vivre dans l'obscurité : mais ce n'est pas proprement une peine par rapport aux enfans ; car le Souverain ayant droit de donner des emplois publics à qui bon lui semble, il peut en exclurre toutes les fois que le bien public le demande, des gens même qui n'ont rien fait pour s'en rendre indignes. Je conviens que c'est une chose dure à la vérité, mais la nécessité l'autorise, afin que la tendresse d'un père pour ses enfans, le rende plus attentif à ne rien entreprendre contre l'Etat. Bien entendu aussi que l'équité doit toujours être l'ame de ces jugemens, & les modifier suivant les circonstances.

§. XLIV. Je ne pense pas que l'on puisse avec justice pousser les choses au delà de ces bornes, & aussi le bien public ne l'exige pas. C'est donc une véritable injustice que l'usage établi chez plusieurs Nations, de bannir ou même de mettre à mort les enfans d'un tyran ou d'un traître,

& quelquefois tous ses autres parens, quoiqu'ils n'eussent aucune part à ces crimes. Ce que nous avons dit suffit aussi pour faire comprendre ce que l'on doit penser de la fameuse loi d'ARCADIUS, * Empereur Chrétien.

CHAPITRE V.

Du Pouvoir des Souverains sur les biens renfermés dans les Terres de leur Domination.

§. I. LE droit du Souverain sur les biens renfermés dans l'Etat, regarde ou les *biens des particuliers*, ou les *biens publics*.

§. II. On peut établir en deux manières le droit du Souverain sur les biens des Citoyens; car ce droit peut être fondé ou sur la nature même de la Souveraineté, ou sur la manière dont on l'a acquise.

§. III. Si l'on suppose qu'un Souverain possède primitivement avec un plein droit de propriété tous les biens renfermés dans

* Cod. ad L. Jul. Maj. L. IX, tit. 8. Leg. 5.

l'Etat, & qu'il se soit fait lui-même, pour ainsi dire, des sujets qui tiennent originairement leurs biens de sa libéralité, alors il est certain que le Souverain a un droit aussi absolu sur ces biens, que celui qu'a chaque père de famille sur son patrimoine, & que les sujets n'en peuvent jouir & disposer, qu'autant & de la manière que le Souverain le veut & le leur permet. Dans ces circonstances, tant que le Souverain n'a rien relâché de son droit par des concessions irrévocables, ses sujets ne possèdent leurs biens que d'une manière *précaire*, & sous le bon plaisir du Souverain aussi long-temps qu'il leur en laisse la possession ; ils peuvent seulement en tirer ce qui leur est nécessaire pour leur nourriture & pour les autres besoins de la vie : alors donc la Souveraineté se trouve accompagnée d'un droit de propriété absolue.

§. IV. Mais 1°. cette manière d'établir le droit du Souverain sur les biens des sujets, ne sçauroit être d'un grand usage : si cela a eu lieu quelquefois, ce n'a été que chez les peuples de l'Orient, propres à subir le joug d'une domination absolument despotique.

2°. L'expérience nous apprend que ce domaine absolu du Souverain sur les biens des sujets ne tourne pas à l'avantage des Etats. Un voyageur moderne remarque que les pays où il a lieu, quelque beaux & fertiles qu'ils soient par eux-mêmes, deviennent tous les jours plus deserts, plus pauvres & plus barbares, ou que du moins ils ne sont pas dans un état aussi florissant que la plûpart des Royaumes de notre Europe, où les sujets possédent leurs biens en propriété & à l'exclusion même de leurs Princes.

3°. La Souveraineté n'exige point par elle-même, que l'on donne au Prince ce droit absolu de propriété sur les biens des sujets; la propriété des particuliers est antérieure à la formation des Etats, & il n'y a nulle raison qui puisse nous porter à supposer que les particuliers ayent entièrement cédé au Souverain le droit qu'ils avoient sur leurs biens: au contraire, c'est pour s'assurer une possession paisible & tranquille dans ces mêmes biens, qu'ils ont établi parmi eux le Gouvernement & la Souveraineté.

4°. Disons encore, que lors même que l'on supposeroit une Souveraineté acquise par les armes & absolue, une telle Souveraineté n'emporteroit point par elle-même un droit de propriété sur tous les biens des sujets. J'en dis autant d'une Souveraineté patrimoniale, qui donne le droit d'aliéner la Couronne; car ce droit du Souverain n'empêche pas que les sujets ne possédent leurs biens en propre.

V. Concluons donc, qu'à parler en général, il faut tenir pour constant, que le droit du Prince sur les biens des Sujets n'est point un droit de propriété, que ce droit est fondé sur la nature même & la fin de la Souveraineté, qui lui donne le pouvoir d'en disposer en différentes manières, pour le bien même des particuliers & de l'Etat, sans ôter pour cela aux sujets leur droit de propriété, excepté dans les cas où cela est absolument nécessaire à l'utilité publique.

§. VI. Cela supposé, le Prince en tant que Souverain, a droit sur les biens de ses Sujets, principalement en trois manières.

La première consiste à régler par de sages loix, l'usage que chacun doit faire de ses biens, conformément à l'avantage de l'Etat, & à celui des particuliers.

La seconde, à exiger des subsides & des impôts.

La troisiéme enfin, à uſer des droits du domaine éminent.

§. VIII. Il faut rapporter au premier chef, les *Loix ſomptuaires*, par leſquelles on preſcrit des bornes aux dépenſes non néceſſaires, qui ruinent les familles & appauvriſſent par conſéquent l'Etat. Rien n'eſt plus important pour le bonheur d'un Etat, rien n'eſt plus digne de l'attention du Souverain, que d'obliger les ſujets à l'œconomie, à l'épargne & au travail.

Quand le luxe a une fois gagné une Nation, il devient un mal preſque incurable. Comme la trop grande autorité empoiſonne les Rois, le luxe empoiſonne toute une Nation; on s'accoutume à regarder comme néceſſaires les choſes les plus ſuperflues, & ce ſont tous les jours de nouvelles néceſſités qu'on invente. Ainſi les familles ſe ruinent, & les particuliers ſe mettent dans l'impuiſſance de contribuer aux dépenſes néceſſaires pour le bien public. Un particulier, par exemple, qui ne dépenſe que trois cinquiémes de ſes revenus, en donnant un cinquième pour les contributions publiques, ne s'incommodera pas, puiſqu'il augmente encore ſon capital d'un cinquième : mais s'il dépensoit tout son revenu, ou il ne pourroit pas payer les impôts, ou il seroit obligé de prendre sur son capital.

Non seulement les richesses des particuliers se dissipent mal à propos par le luxe ; mais ce qui est encore un nouvel inconvénient, elles sortent pour l'ordinaire du pays, & passent de l'Etat chez les étrangers, chez qui l'on va chercher les choses qui flatent la vanité & le luxe.

L'appauvrissement des particuliers produit encore un autre mal pour l'Etat, c'est qu'il empêche les mariages : au contraire l'on se porte beaucoup plus aisément au mariage, lorsqu'il ne faut pas faire de trop grandes dépenses pour soutenir une famille.

C'est aussi ce que l'Empereur Auguste comprit parfaitement ; car voulant corriger les mœurs des Romains, entre diverses loix qu'il fit ou qu'il renouvella, il rétablit en même tems & la loi somptuaire, & celle qui imposoit aux Romains la nécessité de se marier.

Le luxe une fois introduit devient bientôt un mal général, sa contagion se répand insensiblement depuis les premiers de l'Etat, jusques sur les derniers du peuple. Les proches parens du Roi veulent imiter sa magnificence, les grands celle des parens du Roi, les gens médiocres veulent égaler les grands, & les petits veulent passer pour médiocres : ainsi tout le monde fait plus qu'il ne peut, chacun se ruine, & toutes les conditions se confondent.

L'histoire nous apprend une chose très-remarquable, c'est que le luxe a été dans tous les tems une des causes qui ont le plus contribué à la décadence & à la ruine des Etats même les plus puissants : c'est que le luxe amollit insensiblement le courage & ruine la vertu. SUETONE nous rapporte que JULES CESAR n'entreprit de se rendre maître de la liberté de sa patrie, que parce qu'il ne sçavoit comment payer ses dettes, contractées par une prodigalité excessive, ni comment soutenir les dépenses prodigieuses qu'il faisoit. Bien des gens n'entrèrent dans son parti, que parce qu'ils n'avoient plus de quoi fournir au luxe dans lequel ils étoient engagés, & qu'ils espéroient gagner dans la guerre civile de quoi soutenir leur premier faste. (1)

Remarquons enfin, que pour rendre

(1) Vid. *Sall. ad Cesar. de Rep. ordinand.*

les loix ſomptuaires plus efficaces ; les Princes & les Magiſtrats doivent par l'exemple de leur propre modération, faire honte à ceux qui aiment une dépenſe faſtueuſe, & encourager les ſages, qui ſe réjouiront d'être autoriſés dans une ſage œconomie & une honnête frugalité.

§. VIII. Il faut encore rapporter à ce droit qu'a le Souverain de régler l'uſage que les particuliers doivent faire de leurs biens, les loix contre le Jeu, contre les Prodigues en général, celles qui mettent des bornes aux Donations, aux Legs, aux Teſtamens, & enfin les loix contre l'oiſiveté, & ceux qui laiſſent dépérir leurs biens faute de travail & de culture.

§. IX. Il eſt très-important en particulier de faire tout ce qui eſt poſſible pour bannir l'oiſiveté, cette ſource féconde de mille maux. Le manque d'occupation utile & honnête, eſt la ſource d'une infinité de deſordres : l'eſprit humain étant d'une nature auſſi agiſſante qu'il eſt, ne ſçauroit demeurer dans l'inaction, & s'il n'eſt occupé de quelque choſe de bon, il s'applique inévitablement au mal : c'eſt ce que l'expérience a juſtifié dans tous les tems. Il ſeroit donc à ſouhaiter qu'il y eût des loix contre l'oisiveté pour prévenir ses mauvaises suites, & qu'il ne fût permis à personne de vivre sans avoir quelque occupation honnête, ou de l'esprit ou du corps. Sur tout, il ne doit pas être permis à la jeunesse qui aspire aux emplois politiques, ecclésiastiques ou militaires, de passer dans une honteuse oisiveté le tems de leur vie le plus propre à l'étude de la morale, de la politique & de la Religion. Il est aisé de sentir qu'un Prince sage peut tirer de ces réfléxions des leçons importantes pour le Gouvernement.

§. X. La seconde manière dont le Prince peut disposer des biens des sujets, c'est en exigeant d'eux des impôts ou des subsides. Que le Souverain ait ce droit, c'est ce qui paroîtra incontestable, si l'on considère que les impôts ne sont autre chose qu'une contribution que les particuliers payent à l'Etat pour la conservation & la défense de leur vie & de leurs biens; contribution absolument nécessaire pour les dépenses, tant ordinaires qu'extraordinaires, que demande le soin du Gouvernement, & auxquelles le Souverain ne peut ni ne doit fournir de son propre fonds: il faut donc qu'il ait pour cela le droit de prendre une partie des biens de ses sujets.

§. XI. TACITE nous rapporte à ce sujet un fait très-remarquable. Il dit, » que » NERON délibéra un jour d'abolir tous les » impôts & de faire ce présent magnifique » au peuple Romain, mais le Sénat mo- » déra son ardeur : & après avoir loué son » généreux dessein, il représenta à l'Em- » pereur, que l'Empire tomberoit imman- » quablement si l'on venoit à sapper ses » fondemens ; que la plûpart des impôts » avoient été établis par les Consuls & par » les Tribuns, dans le tems même de la » plus grande liberté de la République, & » que c'étoit le seul moyen de fournir aux » dépenses immenses qu'exigeoit le soin » d'un si grand Empire.

§. XII. Rien n'est donc pour l'ordinaire plus injuste & plus déraisonnable que les plaintes de la Populace, qui attribue le plus souvent aux impôts la principale cause de sa misère, sans faire attention qu'ils sont au contraire le principe de la conservation & de la tranquillité de tous les sujets de l'Etat, & qu'ils ne sçauroient refuser de les payer, sans trahir eux-mêmes leurs intérêts.

§. XIII. Cependant le but & la prudence

dence du Gouvernement civil veut non seulement que l'on ne surcharge pas les peuples à cet égard au-delà de ce qu'ils peuvent faire, mais encore qu'on lève les tributs & les impôts d'une manière aussi imperceptible, aussi douce, aussi tranquille qu'il est possible.

§. XIV. Et 1°. il ne faut pas charger inégalement les citoyens, pour ne leur pas donner un sujet légitime de se plaindre. Un fardeau que tous supportent également est beaucoup plus léger pour chacun en particulier ; mais si plusieurs retirent l'épaule, il devient beaucoup plus pesant, & même insupportable aux autres. Comme tous les sujets jouissent également de la protection du Gouvernement & de la sureté qu'il leur procure, il est juste aussi qu'ils contribuent tous à son entretien dans une juste égalité.

§. XV. 2°. Mais il faut bien remarquer que cètte égalité ne consiste pas à payer des sommes égales, mais à porter également les charges imposées pour le bien de l'Etat, c'est-à-dire, qu'il doit y avoir une juste proportion entre les charges que l'on supporte & les avantages dont on jouit ; car quoique tous jouissent également de la paix, les avantages qu'ils en retirent ne sont pas égaux.

§. XVI. 3°. Il faut donc imposer des taxes à chacun, conformément à ses revenus, tant pour l'ordinaire que pour l'extraordinaire.

§. XVII. 4°. L'expérience a fait voir qu'un des meilleurs moyens de tirer des subsides du peuple, étoit de mettre quelques impôts sur les choses qui se consument tous les jours dans l'usage de la vie.

§. XVIII. 5°. A l'égard des marchandises qui entrent dans le pays, il faut remarquer que si elles ne sont pas nécessaires & qu'elles ne servent qu'au luxe, on peut fort bien y mettre de grands impôts.

§. XIX. 6°. Lorsque les marchandises étrangères consistent en des choses qui peuvent croître ou être fabriquées dans le pays, si les habitans y veulent employer leurs soins & leur industrie, on peut raisonnablement en rehausser les droits d'entrée.

§. XX. 7°. Pour ce qui est des marchandises que l'on transporte chez l'étranger, s'il est de l'intérêt de l'Etat qu'elles ne sortent pas du pays, on peut les charger d'impôts; mais au contraire, s'il est de l'avantage public qu'elles sortent, on doit alors diminuer ou en lever absolument les droits de sortie. Il y a même des pays où, par une sage politique, l'on fait quelque gratification aux sujets qui transportent hors du territoire des marchandises qui y sont en trop grande abondance & au-delà des besoins des habitans.

§. XXI. 8°. Enfin dans l'application de toutes ces maximes, il faut que le Souverain fasse toujours attention au bien du Commerce, & qu'il prenne toutes les mesures les plus propres pour le favoriser & le faire fleurir.

§. XXII. Il n'est pas nécessaire de remarquer que le droit du Souverain à l'égard des subsides & des impôts, étant fondé sur les besoins de l'Etat, il n'en doit jamais exiger que proportionnellement à ces mêmes besoins, & qu'il ne doit en employer le provenu que dans les mêmes vues, & ne pas les détourner à ses usages particuliers.

§. XXIII. Il doit aussi être attentif à la conduite des Officiers qu'il charge de l'exaction, pour prévenir & empêcher leurs duretés & leurs vexations ordinaires. TACITE nous rapporte à ce sujet une

Ordonnance très-sage de l'Empereur » NERON qui ordonna que les Magistrats » de Rome & des Provinces recevroient » les plaintes contre les Fermiers des im- » pôts publics à toute heure, & qu'ils les » régleroient sur le champ. »

§. XXIV. Le *Domaine éminent*, qui fait, comme nous l'avons dit, la troisième partie du pouvoir souverain sur les biens des Sujets, consiste dans le droit qu'a le Souverain de se servir dans un besoin pressant de tout ce que possédent les Sujets.

§. XXV. Ainsi, par exemple, si l'on veut fortifier une Ville, on prend les jardins, les terres & les maisons des particuliers, qui se trouvent situées dans l'endroit même où il faut faire des remparts ou des fossés. Dans un siége, l'on abbat & l'on ruine souvent des maisons & des campagnes, lorsque sans cela l'on en seroit incommodé, ou que l'ennemi en retireroit quelque avantage contre nous.

§. XXVI. Il y a de grandes disputes entre les Politiques au sujet de ce *Domaine éminent*; quelques-uns le condamnent absolument & ne veulent point l'admettre; mais la dispute roule plus sur le mot que sur la chose : il est toujours incontestable que la nature même de la Souveraineté autorise le Prince à se servir dans les cas de nécessité, des biens que possédent les Sujets, puisqu'en lui conférant l'autorité souveraine, on lui a donné en même tems le pouvoir de faire & d'exiger tout ce qui est nécéssaire pour la conservation & l'avantage de l'Etat. Que l'on appelle ce droit, *Domaine éminent*, ou de quelqu'autre manière, la chose est tout-à-fait indifférente, pourvu que l'on convienne du droit lui-même.

§. XXVII. Pour dire quelque chose de plus particulier de ce *Domaine éminent* du Souverain, il faut remarquer que c'est effectivement une maxime de l'équité naturelle, que quand il s'agit de fournir ce qui est nécessaire à l'Etat & pour l'entretien d'une chose commune à plusieurs, chacun doit y contribuer à proportion de l'intérêt qu'il y a.

§. XXVIII. Mais comme il arrive quelquefois que les besoins pressans de l'Etat, & les circonstances particulières, ne permettent pas que l'on suive cette régle à la lettre, c'est une nécessité que le Souverain puisse s'en écarter, & qu'il soit en droit de priver les particuliers des choses qu'ils possédent, mais dont l'Etat ne sçauroit se passer dans les circonstances où il se trouve; ainsi le droit dont il s'agit n'a lieu que dans une nécessité d'Etat, à laquelle on ne doit pas donner trop d'étendue, mais qu'il faut au contraire tempérer autant qu'il est possible par les régles de l'équité.

§. XXIX. Il est donc juste dans ces cas-là, que les propriétaires soient dédommagés par leurs concitoyens, ou par le thrésor public, de ce qui excéde leur contingent, autant du moins que la chose est possible. Que si les citoyens eux-mêmes se sont exposé volontairement à souffrir cette perte, comme s'ils avoient bâti des maisons dans un lieu où elles ne sçauroient subsister en tems de guerre, alors l'Etat n'est pas obligé à la rigueur à les indemniser, & ils peuvent raisonnablement être censés consentir eux-mêmes à cette perte. Voilà qui peut suffire pour les droits du Souverain sur les biens des particuliers.

§. XXX. Mais outre les droits du Souverain dont nous venons de parler, il a originairement le pouvoir de disposer de certains lieux, qu'on appelle *Biens publics*, par ce qu'ils appartiennent à l'Etat considéré comme tel ; mais tous ces biens publics ne sont pas d'une même espéce ; & le droit du Souverain à cet égard, varie aussi.

§. XXXI. Il y a des biens qui sont destinés à l'entretien du Roi & de la Famille royale, & d'autres qui doivent servir aux dépenses nécessaires pour la conservation de l'Etat : les premiers s'appellent le *Fisc*, ou le *Domaine de la Couronne* ; & les autres *Thrésor public*, ou le *Domaine de l'Etat*.

§. XXXII. A l'égard des premiers, le Roi en a l'usufruit plein & entier ; ensorte qu'il peut disposer absolument & à sa fantaisie des revenus qu'il en tire ; & que les épargnes même qu'il en peut faire entrent dans son patrimoine particulier, à moins que les loix du Royaume ne l'eussent réglé autrement ; pour les autres biens publics, il n'en a que la simple administration, dans laquelle il doit se proposer uniquement le bien commun, & y apporter autant de soin & de fidélité qu'un tuteur à l'égard des biens de son pupille.

§. XXXIII. Au moyen de cette distinction & de ces principes, on peut juger à qui doivent appartenir les acquisitions que fait un Souverain pendant son régne; car si ces acquisitions proviennent des biens destinés aux besoins de l'Etat, elles doivent sans doute appartenir au Domaine de l'Etat, & non pas au patrimoine particulier du Roi. Mais si un Roi a entrepris & soutenu une guerre à ses propres dépens, & sans exposer ni charger l'Etat en aucune maniére, il peut légitimement s'approprier les acquisitions qu'il a faites dans une telle expédition.

§. XXXIV. Il s'ensuit encore des principes que nous avons établis, que le Roi ne sçauroit sans le consentement du peuple ou de ses représentans, aliéner quoi que ce soit, ni du Domaine de l'Etat, ni même de celui de la Couronne, dont il n'a que l'usufruit : mais il faut bien distinguer ici le fonds même des biens, ou le Domaine de l'Etat, & les revenus qu'ils produisent. Le Roi peut disposer des revenus comme il le trouve à propos, quoiqu'il ne puisse pas aliéner le fonds.

§. XXXV. Un Prince même qui a le droit de mettre des impôts quand il le trouve à propos pour de bonnes raisons, peut dans un besoin engager une partie du Domaine; car c'est la même chose par rapport au peuple, de donner de l'argent pour empêcher qu'on n'engage quelque chose, ou de le racheter après qu'on a été contraint de l'engager.

§. XXXVI. Au reste, tout ce que l'on vient de dire se doit entendre, en supposant que les choses ne se trouveront point autrement réglées par les loix fondamentales de l'Etat.

§. XXXVII. Pour ce qui est de l'aliénation du Royaume même, ou de quelqu'une de ses parties; tous les principes que nous avons établis ci-devant font assez comprendre ce que l'on en doit penser; & 1°. s'il peut y avoir des Royaumes véritablement *Patrimoniaux*, il est incontestable que le Souverain peut aliéner un tel Royaume, & à plus forte raison quelqu'une de ses parties (1).

§. XXXVIII. 2°. Hors ce cas là, & si le Royaume n'est point possédé comme un patrimoine, le Roi ne sçauroit de sa seule autorité en céder ou en aliéner

(1) *Grotius*, Liv. 2. II. Chap. 6.

quoi que ce soit ; il faut pour cela que le consentement du peuple y intervienne. La Souveraineté ne sçauroit par elle-même emporter le droit d'aliénation, & comme les Sujets ne peuvent dépouiller le Roi de la Couronne malgré lui, le Roi n'est pas non plus en pouvoir de substituer à sa place un autre Souverain sans leur consentement.

§. XXXIX. Mais s'il s'agit d'aliéner seulement une partie du Royaume, outre l'approbation du Roi & celle des Peuples, il faut en particulier que le Peuple du pays que l'on veut aliéner y consente lui-même, & même ce dernier consentement paroît le plus nécessaire : ce seroit inutilement que les autres Provinces qui constituent le Royaume consentiroient à l'aliénation de celle-ci, si elle-même s'y opposoit : le droit de la pluralité des suffrages ne s'étend pas jusques à retrancher du corps de l'Etat ceux qui n'ont pas violé leurs engagemens & les loix de la Société.

§. XL. Et en effet, il est bien évident que ceux qui sont entrés en société civile, se sont joints ensemble pour former un corps d'Etat perpétuel, sous un seul &

même Gouvernement, aussi long-tems du moins qu'ils voudroient demeurer dans les terres de l'Etat ; & c'est en vue des avantages qui leur revenoient en commun de leur union réciproque, qu'ils ont formé l'Etat ; c'est-là le fondement de leurs conventions à cet égard ; ainsi en vertu d'une telle convention, on ne sçauroit les priver malgré eux du droit qui leur est acquis de faire partie d'un certain corps politique, à moins qu'ils ne s'en fussent rendus indignes par quelque crime qui méritât qu'ils en fussent retranchés. Il y a plus, l'*obligation* répond ici au *droit* : l'Etat, en vertu de la même convention, a acquis un droit sur chacune de ses parties, par lequel aucune de ses parties ne peut se soumettre à un Gouvernement étranger, ni se soustraire à celui de l'Etat.

§. XLI. 4°. Cependant il faut remarquer qu'il y a deux exceptions générales à ajouter aux principes que nous venons d'établir, & qui toutes deux sont fondées sur le droit & les privileges que donne la nécessité. La premiere, c'est que, quoique le corps de l'Etat n'ait pas le droit d'aliéner une de ses parties, en sorte qu'elle soit obligée, bon gré, malgré, de se soumettre à un nouveau maître, cela n'empêche pas que l'Etat ne puisse abandonner légitimement une de ses parties, losqu'il se verroit évidemment en danger de périr s'il vouloit continuer à être uni avec elle.

§. XLII. Il est vrai que même dans ces circonstances, le corps de l'Etat ou le Souverain ne peut pas forcer directement une de ses Villes ou de ses Provinces à passer sous une autre domination; il peut seulement en retirer ses troupes ou l'abandonner; mais elle demeure en droit de se défendre par elle-même, si elle le peut: de sorte que si la partie abandonnée se sent assez forte pour résister à l'ennemi, rien n'empêche qu'elle ne lui fasse tête; & si elle peut réussir, qu'elle ne s'érige en corps d'Etat séparé. Ainsi le Vainqueur ne devient légitime Souverain de ce pays-là que par le consentement des habitans, ou par le serment de fidélité qu'ils lui prêtent.

§. XLIII. On peut dire, à proprement parler, que le corps d'Etat ou le Souverain n'aliéne point en ce cas-là la partie dont il s'agit, il ne fait que renoncer à une Société, dont les engagemens finissent en vertu d'une exception tacite qui naît de la nécessité. Après tout, ce seroit en vain que le corps voudroit s'obstiner à conserver ou à défendre cette partie, puisqu'on le suppose hors d'état de se conserver & de se défendre lui-même : c'est donc un pur malheur, dont la partie abandonnée doit se consoler.

§. XLIV. 5°. Mais si tel est le droit du corps par rapport à la partie, la partie a aussi dans les mêmes circonstances le même droit à l'égard du corps : ainsi on ne sçauroit raisonnablement blâmer une Ville qui, après s'être défendue autant qu'elle a pû, aime mieux se rendre à l'ennemi, que de se voir pillée & mise à feu & à sang.

§. XLV. En effet, chacun a un droit naturel primitif de pourvoir à sa conservation par tous les moyens imaginables, & c'est principalement pour en venir à bout d'une manière plus sûre, que les hommes ont formé des Sociétés civiles. Si donc l'Etat est dans l'impuissance de secourir & de protéger quelques-uns de ses citoyens, ceux-ci alors se trouvent dégagés de l'obligation où ils étoient envers lui, & ils rentrent dans leur droit primitif de se pourvoir à eux-mêmes indépendamment de l'Etat, & de la manière qu'ils jugent la plus convenable; ainsi les choses se trouvent dans l'égalité de part & d'autre, & le sentiment de GROTIUS qui veut établir le contraire, & qui refuse au corps de l'Etat à l'égard de la partie, le droit qu'il accorde à la partie à l'égard du corps, ne sçauroit se soutenir.

§. XLVI. Finissons ce Chapitre par deux remarques.

La première, c'est que la maxime que quelques Politiques prêchent si fort, que les biens réunis à la Couronne sont absolument inaliénables, n'est vraie qu'aux termes & dans l'étendue des principes que nous avons établis. Ce que ces mêmes Politiques ajoûtent qu'une aliénation suivie d'une possession paisible pendant le plus long espace de tems, n'empêche pas qu'on ne puisse toujours redemander ce qui a appartenu à la Couronne, & le reprendre de vive force à la première occasion, est tout-à-fait insoutenable.

La seconde remarque, c'est que puisqu'il n'est pas permis à un Roi, indépendamment de la volonté du peuple ou de ses représentans, d'aliéner le Royaume ou une partie, il ne lui est pas permis non plus de le rendre feudataire de quelqu'autre Prince : car c'est-là tout évidemment une espéce d'aliénation.

Fin de la troisiéme Partie & du Tome premier.